SOUVENIRS

POLITIQUES

METZ. — TYPOGRAPHIE DE J. MAYER SAMUEL.

1848 – 1851

SOUVENIRS

POLITIQUES

PAR

M. DE VIDAILLAN

ÉLÈVE DE L'ÉCOLE POLYTECHNIQUE, ANCIEN MAÎTRE DES REQUÊTES
AU CONSEIL D'ÉTAT, ANCIEN PRÉFET

METZ

LORETTE, libraire, rue du Petit-Paris, 8.
PALLEZ ET ROUSSEAU, libraires, rue des Clercs.

PARIS

AMYOT, libraire, rue de la Paix.

1854

PRÉFACE.

Lorsque la Révolution de Février est venue surprendre et bouleverser la France, trop confiante dans ses trente-trois années de Monarchie constitutionnelle, les hommes d'ordre ont compris quels étaient les malheurs et les hontes qui allaient immédiatement s'appesantir sur eux. Ils ont pu bientôt juger que si leurs désunions prolongées avaient produit une telle catastrophe, leur rapprochement seul en arrêterait les funestes conséquences. Leur plus pressant besoin, leur premier devoir était donc d'abjurer les querelles anciennes, de se concerter étroitement, sans rancunes pour le passé, sans discordes pour l'avenir. Il y allait du salut du pays, envahi par l'anarchie, et l'unique drapeau sous lequel on pouvait alors combattre, ne portait que ces mots : La Religion, la Famille, la Propriété.

Le Département de la Moselle est un de ceux où l'union des honnêtes gens a été la plus prompte, la plus active et la plus féconde. Ce sera l'un des SOUVENIRS les plus glorieux et les plus chers de notre vie, d'avoir travaillé, avec nos amis, à l'organisation et à l'action du *Comité de* L'INDÉPENDANT *et du* VOEU NATIONAL *réunis*, parce que nous sommes convaincu que le bien qu'il a fait n'est pas perdu et qu'il durera longtemps dans la mémoire des populations éclairées et reconnaissantes.

Le VOEU NATIONAL et l'INDÉPENDANT, journaux, des opinions monarchiques, avaient également apprécié le danger dont la société entière était menacée par les faits, les doctrines et les hommes de Février. Leur accord était une nécessité pressante et une digue indispensable contre les désordres universels ; ils s'unirent dans une entente complète, sincère et résolue. Dix personnes, choisies parmi les amis politiques de chacun de ces deux journaux, se réunirent et se vouèrent à diriger le zèle combiné de leurs amis vers le même but : L'ORDRE. « Leurs efforts tendent à l'union de tous les hommes » honnêtes, à quelque parti qu'ils appartiennent », disait la première circulaire émanée du Comité, lorsqu'il s'agit de remplacer une Assemblée révolutionnaire par une seconde Assemblée, dégagée au moins de la pression démagogique des Commissaires-Ledru-Rollin.

Le Comité prépara sa liste de candidats, en se con-

certant avec les hommes qui voulaient, comme lui, une
Assemblée dévouée au triomphe des grands principes
sociaux, et il écrivit aux Electeurs : « Si tous les bons
» citoyens sont unis, s'ils abjurent les dissentiments
» politiques qui ont fait jusqu'ici la force de leurs en-
» nemis ; s'ils comprennent enfin qu'il n'y a que deux
» partis, celui de l'Ordre et celui de l'Anarchie, notre
» succès est certain. L'Ordre, c'est le respect de la Re-
» ligion, de la famille, de la propriété, bases inébran-
» lables de tout gouvernement, principes sacrés de la
» moralité publique, hors desquels il n'y a point de
» société civilisée possible. »

La victoire électorale de tous les candidats du Comité
fut aussi complète qu'éclatante. Celui d'entr'eux qui obtint le moins de suffrages, en comptait le double de
celui qui en avait le plus de la liste opposée. La confiance des électeurs dans les choix du Comité avait répondu à ses efforts, par cette immense majorité de suffrages. Mais il ne devait pas s'endormir après un tel
succès : « Cette victoire électorale, écrivit-il aussitôt, en
» comblant aujourd'hui nos vœux, ne délivre pas notre
» patrie de tous les périls dont elle est sans cesse menacée.
» Ce n'est ni la lutte ni le succès d'un jour. Aux at-
» taques incessantes de l'anarchie, il est plus que ja-
» mais besoin d'opposer la persévérance de notre union.
» Nous venons de faire l'expérience de sa force ; ne

» perdons pas un moment pour l'accroître pour la rendre
» plus invincible encore par de nouveaux appels à la
» conciliation.

Obligé de se dissoudre, après les Élections, devant
le texte précis de la loi, le Comité, plus que jamais
animé d'un même esprit d'ordre et de fusion, conserva,
comme simple *Commission administrative de l'*INDÉPEN-
DANT *et du* VOEU NATIONAL, le droit et le soin de corres-
pondre et de s'entendre avec les hommes honorables
qui, dans tout le département, l'avaient si bien aidé
pour sa propagande des bons principes.

La Commission commença par faire paraître, tous les
quinze jours, et distribuer gratuitement dans toutes les
communes du département, un supplément aux journaux,
ayant pour objet « de combattre les doctrines perverses
» du socialisme et d'éclairer les populations sur le dan-
» ger de ces systèmes pernicieux qui, plus ou moins di-
» rectement, tendent au renversement des principes so-
» ciaux et à l'anéantissement de la famille, de la Religion
» et de la propriété. »

Mais la Commission reconnut bientôt que cette publication hebdomadaire était insuffisante. « Les fauteurs
» de l'anarchie, disait une circulaire, redoublent d'efforts
» pour répandre partout leurs fatales doctrines et pour
» soulever les plus criminelles passions contre la société;

» la dominer est leur but, la pervertir leur moyen.
» Jamais la vigilance et l'union des honnêtes gens n'ont
» été plus nécessaires ; jamais ils n'ont dû mettre en
» commun autant de dévouement, de courage et de sa-
» crifices. Plus les attaques contre l'ordre social sont
» violentes et multipliées, plus la résistance doit être
» énergique et universelle ; elle doit l'être surtout lors-
» que ces attaques, se transformant en manœuvres sou-
» terraines comme aujourd'hui, deviennent encore plus
» dangereuses. Il faut que les éternels principes de
» toute société civilisée soient opposés sans cesse et par-
» tout aux théories sauvages des hommes de désordre ;
» il faut que sans cesse et partout la vérité combatte
» et dissipe l'erreur ; il faut que dans les ateliers et
» dans les campagnes, chez l'artisan comme chez le
» propriétaire, parviennent les publications destinées à
» réparer le mal fait par des écrits immoraux, irré-
» ligieux et incendiaires, dont le pays est infecté. »

Pour y parvenir, le Comité n'avait pas trouvé de meilleur moyen que de réduire à 10 fr. par an l'abonnement des journaux et de répartir sur ses amis les frais
considérables que cette dépense nécessitait, *de manière
que le recouvrement ne présentât ni un déficit embar-
rassant ni un excédant inutile.*

« D'après nos calculs, disait donc une circulaire, nous
» n'hésitons pas, Monsieur, à vous demander, pour la

» continuation de votre abonnement au Journal et pour

» votre concours à l'œuvre de la Propagande anti-socia-

» liste, une somme qui, sans faire échouer notre patrio-

» tique entreprise, ne saurait être moindre de....: C'est

» un subside au salut commun, empressons-nous tous de

» l'acquitter. »

Aucun des amis des deux Journaux ne recula devant cet impôt forcé de l'ordre, et le nombre des abonnés fut bientôt doublé. Cette heureuse guerre à l'anarchie fut encore soutenue par des distributions multipliées d'écrits destinés « à éclairer les populations des cam-

» pagnes, qui étaient surtout infectées de publications,

» combinant avec un art perfide les violences révolution-

» naires et les chimères du socialisme, et ne séduisant

» que trop les esprits faibles et crédules. » La Commission travaillait donc sans relâche à la propagande de la vé-rité. « Pour qu'elle produise tout le bien qu'en espèrent

» les honnêtes gens, ajoutait la Circulaire, il faut qu'elle

» soit générale et continue ; il faut que les véritables

» règles de la morale, que les véritables éléments de

» la condition humaine, exposés avec sagesse et bonne

» foi, préservent ceux qu'on s'efforce d'égarer. La lecture

» des écrits que nous distribuons, leur fera comprendre

» que les promesses illusoires et les coupables flatteries

» adressées aux classes laborieuses tendent à créer, par

» le désordre, une société impossible, pour la soumettre

» aux expériences des empiriques et au despotisme de
» quelques tribuns. »

Enfin, la Commission employait un autre moyen
d'appeler à elle et à ses doctrines réparatrices, ceux
qu'avaient égarés des prédications aussi mauvaises en
politique que mensongères en fraternité. « Plusieurs
» de nos honorables Représentants, écrivait-elle, nous
» envoient des fonds pour être distribués, par nos soins,
» en œuvres de bienfaisance. S'il existe dans votre Com-
» mune une famille que le choléra, des circonstances
» malheureuses, ou le manque de travail ait réduite à
» avoir besoin de secours, nous vous prions de nous
» la faire connaître, en nous fournissant les renseigne-
» ments dont le cadre est ci-contre. Nous n'avons pas
» besoin de vous dire, Monsieur, que quelque grande
» que soit la générosité dont nous sommes chargés de
» répandre les bienfaits, nous ne pourrons malheureu-
» sement soulager qu'un petit nombre d'infortunes, et
» celles qui se recommandent le plus par la composition
» de la famille , par sa moralité, par son amour du tra-
» vail , obtiendront seules votre préférence comme la
» nôtre. »

A cette distribution si bien motivée de ses secours,
la Commission ajouta bientôt la création de LIVRETS de
la Caisse d'épargne en faveur *d'enfants d'ouvriers honnêtes et laborieux*. Cette affectation de fonds produisit

d'excellents résultats. Pour les compléter, la Commission prit deux mesures essentielles. Laissons la parler : « Nous » savons combien les LIVRETS ont été partout approuvés, » combien les familles, qui en ont reçu , sont satisfaites. » Elles comprendront mieux la valeur du travail et les » effets des moindres économies. Aussi, pour compléter » les encouragements *à l'esprit de prévoyance que nous* » *voulons faire naître et seconder,* nous avons décidé et » nous vous prions , Monsieur, de faire savoir, s'il y a » lieu , autour de vous , qu'à la fin de l'année , nous » ajouterons aux LIVRETS que nous distribuons UNE SOMME » PROPORTIONNELLE A CELLE QUE LES PARENTS AURONT » EUX-MÊMES AJOUTÉE. Ainsi leur travail recevra une » double rémunération, et leur bonne conduite une nou- » velle récompense. ».

La seconde mesure est ainsi exprimée dans la même circulaire : « Cette distribution de CENT LIVRETS, qui sera » féconde pour l'ordre, nous a inspiré l'idée d'en af- » fecter un nombre égal pour donner , à la fin de l'année » scolaire, des prix aux enfants des écoles primaires qui » se seront le plus distingués. »

C'est ainsi que la Commission récompensait l'émula-tion du bien chez les maîtres et chez les élèves , les bonnes études et les bons principes. Elle faisait de la morale avec ses bienfaits. Un LIVRET de la Caisse d'épargne doit , ainsi qu'un champ , disait-elle, attacher irrévocablement celui qui le possède aux idées d'ordre et de propriété.

Voici comment la Commission s'exprimait sur les adhésions qu'elle recevait de toutes parts et sur le bien produit par ses libéralités :

« Nous avons la preuve de ces adhésions croissantes,
» non - seulement par le nombre des personnes qui,
» chaque jour , se mettent en communication avec nous ,
» mais encore par celui plus significatif des abonnements
» à nos Journaux. Lorsque nous avons, par le généreux
» encouragement de nos amis, réduit **à 10 francs par
» an** le prix de l'INDÉPENDANT et du VOEU NATIONAL ,
» nous vous · avons écrit, dans notre circulaire du 18
» Janvier : *Bientôt , et nos calculs ne sont pas présomp-*
» *tueux , le tirage des deux journaux de l'ordre sera plus*
» *que doublé.* Nos calculs n'étaient qu'exacts ; ils se sont
» mathématiquement réalisés ; l'esprit public a justifié
» notre confiance en sa droiture. Le VOEU NATIONAL et
» l'INDÉPENDANT reçoivent tous les jours des inscriptions
» nouvelles, et la lecture des principes qu'ils défendent
» est une Propagande qui porte ses fruits , qui récom-
» pense votre zèle et le nôtre, en l'encourageant.

« Nos efforts communs ont un autre mobile dans la
» bienfaisance, dont plusieurs de nos Représéntants nous
» chargent si généreusement de distribuer les bienfaits.
» Les malheureux apprennent avec quelle sollicitude nous
» nous occupons tous de leur sort , et les prédications

» socialistes sont réfutées par la reconnaissance. Aussi,
» Monsieur, nous vous remercions surtout du soin avec
» lequel vous avez dirigé nos allocations de secours s'é-
» levant à plus de **vingt mille** francs, et de **deux**
» **cents** Livrets de la Caisse d'épargne; nous vous prions
» de continuer à nous signaler les infortunes *qui se re-*
» *commandent le plus par la composition de la famille ,*
» *par sa moralité , par son amour du travail ;* elles ob-
» tiendront seules votre préférence comme la nôtre, vous
» disions-nous dans notre Circulaire n° 14, nous vous le
» disons encore : en secourant, nous voulons encourager
» les bons principes et récompenser la bonne conduite. »

Tel est le résumé trop succint et trop incomplet des travaux du comité du VOEU NATIONAL et de l'INDÉPENDANT DE LA MOSELLE, de ses succès et des SOUVENIRS qu'il laissera de son action salutaire. Quarante départements avaient voulu connaître son organisation, pour l'imiter, et le Comité leur avait adressé ses circulaires, renfermant seules ses règles et ses actes. Un jour peut-être nous en écrirons l'histoire détaillée, et nous croirons encore travailler au rétablissement de l'ordre, en rappelant aux honnêtes gens tout ce qu'ils peuvent obtenir ou prévenir par leur union, par leur exemple et par leurs efforts loyalement combinés. Nous leur rappelerons, comme à nous, de précieux SOUVENIRS.

Mais nous nous sommes aussi rappelé ce passage d'une circulaire, auquel nous avions été personnellement empressé de déférer :

« Ce concours financier, qui doit pourvoir à la double
» dépense de l'abaissement du prix des Journaux et de la
» Propagande anti-socialiste, n'est pas le seul que nous so-
» licitions de nos amis politiques; il faut que l'INDÉPENDANT
» et le Vœu National soient secondés aussi par leurs
» communications écrites. Il faut que ces Journaux de-
» viennent une solidarité de plus entre nous ; qu'ils pré-
» sentent le témoignage continu de nos sympathies mu-
» tuelles et la preuve quotidienne de nos efforts communs
» pour le rétablissement de l'ordre. » Nous avons donc apporté au Comité le concours de notre plume, et ce sont les articles publiés dans l'INDÉPENDANT et textuellement reproduits, qui seuls composeront ce volume. En les réunissant, nous n'avons eu d'autre désir et d'autre espérance que de faire juger nos efforts pour la défense des bons principes contre les doctrines révolutionnaires et notre dévouement actif dans la Grande Armée de l'ORDRE, où nous avons eu l'honneur d'être soldat.

MAI 1854.

SOUVENIRS

POLITIQUES.

I

Des Finances de la Monarchie de Juillet (*).

Une opinion assez généralement reçue, même par des esprits sages et éclairés, est que les finances du gouvernement de Juillet étaient en désordre; qu'il avait dépensé sans prudence et sans mesure; qu'en un mot, il succombait sous le poids croissant de sa dette.

Rien n'est plus absurde et plus faux.

Jamais les finances d'un état n'ont été plus prospères; jamais ses revenus plus productifs; jamais son avenir plus liquide et plus assuré. Les chiffres officiels, les chiffres après la chûte de ce gouvernement, suffiront seuls pour faire apprécier une situation financière si méconnue et si magnifique.

(*) INDÉPENDANT DE LA MOSELLE, 28 et 30 Décembre 1848, 1er et 7 Janvier 1849.

1

Disons-le tout de suite, deux causes ont servi à propager l'erreur que nous voulons détruire. L'une, la plus funeste, est venue du gouvernement de Juillet lui-même, qui comptait, avec tant de raison, sur l'augmentation continue de ses ressources ordinaires pour solder la plus grande partie de ses dépenses extraordinaires, et qui s'est fait le tort irréparable, en gardant trop le silence sur ses projets, de laisser croire à l'aveuglement de sa prévoyance, si bien fondée, à la fausseté de ses calculs, si exacts cependant. La seconde cause, ce sont les attaques sans mesure de l'opposition, que le démenti persévérant d'une prospérité sans cesse croissante n'a pu faire taire ni désarmer. Il sera toujours vrai de dire qu'en calomniant, il en reste toujours quelque chose.

Aussi l'on devait croire qu'en arrivant au pouvoir, les financiers de la République auraient à fermer le gouffre du déficit, qu'ils avaient tant accusé la Monarchie de creuser. Loin de là. Lorsqu'à peine assis à l'Hôtel-de-Ville, ils ouvrirent le trésor, ils y trouvèrent un fonds disponible de 190 millions et des créances pour 150, non compris les rentrées journalières de l'impôt. C'était la réserve, amassée par ce gouvernement dilapidateur et obéré, dont ils proclamaient la détresse huit jours auparavant. Il est vrai que les nouveaux maîtres des finances n'avouèrent pas une telle surprise; qu'ils ne parlèrent à personne de cette trouvaille de 190 millions comptant; que le *Moniteur* n'en a jamais dit un mot au public; que l'Assemblée Nationale n'en a rien su, et que si des indiscrets, réactionnaires sans doute, n'eussent rompu le silence, ces 190 millions seraient encore ignorés. Telle a été la manière de procéder des républicains de la veille;

telle leur justice. Constatons que les *ressources disponibles* du trésor, au 24 février, étaient de 190 millions.

La conquête de ces 190 millions avait suffi pour donner, aux vainqueurs, une confiance inespérée ; elle durera deux semaines. Le nouveau ministre des finances écrit des circulaires triomphales ; il paie la totalité de l'emprunt grec ; il anticipe le semestre des rentes, qui tombent avec une effrayante rapidité ; il s'écrie dans son arrêté du 4 mars *que de toutes parts la manifestation d'un véritable patriotisme fait espérer des rentrées continues et fructueuses, et que les dépenses de tous les services sont couvertes par les recettes dont la réalisation est assurée par le retour de l'ordre et la sécurité de tous*, et enfin, il fait proclamer par le gouvernement provisoire que la *République, pour accomplir de grandes choses, n'aura pas besoin de l'argent qu'absorbait la Monarchie pour en faire de mauvaises.* Ce sont les effets de la confiance inspirée par les 190 millions. Mais ils ont bientôt disparu sous la main, tendue vers les ateliers nationaux, vers le Luxembourg, vers les commissaires..... et alors les Républicains de la veille se reprennent à accuser la Monarchie tombée d'incapacité financière, de dilapidation, écoutez-les : *Ce qui est certain, ce que j'affirme de toute la force d'une conviction éclairée et loyale, c'est que si la dynastie d'Orléans avait régné quelque temps encore, la banqueroute était inévitable. Oui, citoyens ! proclamons-le avec bonheur, avec orgueil, à tous les titres qui recommandent la République à l'amour de la France et au respect du monde, il faut ajouter celui-ci : la république a sauvé la France de la banqueroute.* Ces paroles sont extraites du rapport du 9 mars de M. Garnier-Pagès, ministre des finances.

Les créanciers des caisses d'épargne, les porteurs des bons du trésor, les rentiers, les propriétaires, les fermiers, les industriels, les ouvriers, tous en un mot, depuis le plus riche jusqu'au plus pauvre, ont déjà appris de quelle façon la République sauve la France de la banqueroute, et puisse l'avenir ne pas nous en apporter de plus terribles preuves !

Mais ne nous occupons pas encore du budget de PLUS DE DIX-HUIT CENT MILLIONS, par lequel la République inaugure pour 1849, dans un effrayant déficit ajouté au déficit de 1848, son gouvernement à bon marché. Examinons les dettes et les budgets tant décriés de la Monarchie de Juillet. Un de ses ministres, celui qui a tenu avec tant d'habileté pendant sept années le portefeuille des finances, M. Lacave Laplagne, a cru devoir prendre au sérieux les financiers de la République et combattre leur ignorance et leur mauvaise foi par des chiffres authentiques et des faits incontestables ; nulle voix républicaine, à la tribune ou dans la presse, ne s'est élevée pour combattre cette écrasante réplique. MM. d'Audiffret, Vitet, Delessert ont aussi publié de remarquables écrits. Nous puiserons dans tous. Il faut que la lumière sur les hommes et sur les choses se fasse et pénètre partout ; il faut que chaque gouvernement réponde de ses œuvres. Lorsqu'en parlant de Celui de juillet, les républicains de la veille font résonner les grands mots de despotisme, d'oppression, de tyrannie, tout le monde est juge en ces matières et les enfants eux-mêmes ne se laissent plus attraper ; mais en fait de chiffres, c'est autre chose. L'opposition, avec son imperturbable assurance, était parvenue à égarer l'opinion publique ; maintenant victorieuse, elle voudrait la tromper en rendant officielles ses erreurs et ses accusations. Si la postérité a commencé pour la Monarchie de Juillet, le moment de la justice est aussi venu pour elle : nous la lui rendrons, en ne disant que la vérité !

Le 24 février, le trésor renfermait 190 millions; la compagnie des chemins de fer du Nord devait 20 millions pour le 15 avril; les adjudicataires de l'emprunt du 10 novembre demandaient à en anticiper les termes, sans préjudice du versement mensuel et régulier de 9,999,000 francs. Dès les premiers jours de février, le ministre des finances, malgré les sinistres prophéties de l'opposition, ne voulant pas inutilement attirer à lui des capitaux qui pouvaient féconder les opérations privées, fit descendre de 4 et demi à 4 pour cent l'intérêt des bons du trésor, et néanmoins, tant était grande alors la confiance, les versements se maintinrent au niveau des remboursements. Jamais donc situation du trésor ne fut plus assurée, plus facile, plus prospère. Un encaisse de 190 millions, une créance exigible de 20 millions, 10 millions de versements mensuels, 25 ou 30 millions offerts, le tout formant une somme disponible de 240 millions.

A quelles charges, en 1848, ces puissantes ressources devaient-elles pourvoir ? Comment laissaient-elles la Monarchie en danger de banqueroute ?

Selon M. Garnier-Pagès, dans son fameux rapport du 9 mars, la dette flottante était de 872 millions; dans celui du 8 mai, elle est évaluée à 957 : les financiers de la veille ne tiennent pas à une contradiction d'une centaine de millions. Le compte des finances de 1847, publié officiellement par eux, porte la dette flottante à 630 millions à la date du 31 décembre : ce n'est pas jusqu'au 24 février qu'elle s'est accrue de ces différences ; à quelques millions près, la situation était la même. Mais peu importe : en Angleterre les bons de l'échiquier ont atteint le chiffre de 1 450 millions. Notre dette flottante à 630 , à 650 millions, n'avait donc rien d'effrayant. Décomposons-la.

Les bons du trésor, dit M. Garnier-Pagès dans son incroyable rapport, *s'élevaient, le 24 février, à* 329,886,000 *francs. Un certain nombre de ces billets est à courte échéance, mais en général, ils sont régulièrement distribués sur les divers mois de 1848 et de 1849. La perception des impôts se fait actuellement avec la plus grande facilité. Les citoyens, dans leur patriotisme, se font un devoir de porter au trésor les impôts de l'année courante. Le service des bons du trésor est assuré. Je propose seulement de fixer l'intérêt à 5 pour cent pour toutes les échéances indistinctement.* Il n'y a donc rien à dire sur cette partie de la dette flottante, sur ces bons du trésor si imprudemment émis : si ce n'est qu'en réalité leur chiffre n'était que de 297 millions, sur lesquels il n'y avait de remboursables, en 1848, que 270 millions ; mais passons sur cette erreur d'une cinquantaine de millions. Là donc pas la moindre trace de cette banqueroute léguée par la Monarchie. Seulement de 4 pour cent qu'elle payait, pour repousser l'argent des caisses trop remplies du trésor, l'intérêt a été élevé à 5 par le ministre des finances de la République, dont la caisse est vidée et vainement ouverte ; les 45 centimes ne sont imposés que le 16 mars ! Décidément ce n'est pas à la Monarchie que les bons du

trésor pourront faire encourir des reproches ou supporte:
de trop fortes charges.

Une autre portion, la plus importante et la plu
incriminée, de la dette flottante, ce sont les caisse
d'épargne. Les dépôts, accumulés depuis trente ans
s'élevaient au 24 février, à 355 millions. *Quant au:*
caisses d'épargne, dit M. Garnier Pagès, toujours dan
le même rapport, *tout le monde en connaît la déplorabl*
histoire. Sur les 355 millions versés entre les mains d
la précédente administration, je n'ai trouvé en compte
courant au trésor qu'une soixantaine de millions, le rest
était immobilisé en rentes ou en actions. D'où il suit qu
le gouvernement déchu s'était mis dans l'impossibilit
absolue d'opérer les remboursements qui auraient pu lu
être demandés. On est confondu en relisant ces phrase
insensées. Elles signifient que l'Etat devait garder dan
sa caisse, en écus, les 355 millions. Quelle scienc
financière en 1848! Vous ne trouvez pas bien placés
vous ne regardez pas comme libres les fonds des caisse
d'épargne, parce qu'ils sont en rentes sur l'Etat, ei
actions des canaux, en valeurs productives? Vous vou
liez un entassement d'écus, une cave remplie de 35:
millions, enlevés à la circulation, arrêtant le mouvemen
des affaires, amenant la ruine du commerce et la ces-
sation du travail! Il faut donc que la Banque de Franc
ait autant de sacs de 1,000 fr. en réserve que de billet:
en circulation? Est-ce que vous n'avez pas entendu dir
que la disette de 1846 a été suivie d'une crise commerciale produite par l'exportation du numéraire qui avai
soldé les achats de grains? Est-ce que vous n'avez pa
appris qu'il y avait quelque chose qui s'appelle le cré
dit? En vérité, un Lombard du XIII siècle hausserai

les épaules de dégoût ou de pitié. Mais discutons encore.

Le gouvernement avait sagement agi, de concert avec les Chambres, en plaçant, d'une manière utile et productive, ces capitaux rassemblés par de si petites parcelles et formant des masses si considérables. Il en est plutôt le garant que le débiteur principal. Or, l'accroissement de la richesse du dépositaire est la sécurité du déposant, qui avait ainsi deux gages pour un, la responsabilité du trésor et les rentes ou actions. Tout cela est élémentaire. Le trésor cependant avait conservé en compte courant une somme de 65 millions, nécessaire et largement suffisante pour satisfaire à toutes les demandes de remboursement. Quelle est, en effet, la quantité probable de ces demandes? L'expérience répond, l'expérience des temps calmes et des temps agités, l'expérience de plus de trente années en France et en Angleterre. Jamais, pendant les crises commerciales, sous des paniques entretenues par la malveillance, après la révolution de 1830, durant la disette de 1846, les demandes de remboursement ne se sont élevées à plus de 15 ou 20 pour cent de la somme des dépôts existants, et toujours ces demandes avaient été compensées dans une proportion entre 5 et 10 pour cent par des versements parallèles aux retraits. Le trésor était donc préparé à toutes les demandes possibles de remboursement avec ses 65 millions. Là encore, l'évidence saute à tous les yeux, nul péril légué par la Monarchie; elle avait sagement, habilement opéré pour le présent; examinons l'avenir qu'elle préparait.

Les bons du trésor, cette monnaie courante de l'État,
sont hors de cause ; il faut reconnaître qu'ils étaient
recherchés par les capitalistes, quoique ne leur produisant que quatre pour cent, et régulièrement payés
aux échéances. Les dépôts des caisses d'épargne, cette
économie sacrée du pauvre, étaient également assurés,
reposaient sur la double garantie du trésor et des
rentes, obtenaient un facile remboursement. La dette
flottante, dont le reste se compose des comptes-courants
ordinaires, fonctionnait donc dans une complète régularité, avec la plus grande économie. Nous ne dirons
pas ce qu'ont perdu les bons du trésor, ce qu'ont
perdu les caisses d'épargne depuis le 24 février : nous
ne voulons que rétablir la vérité sur la situation des
finances avant la gestion des financiers de la veille ;
nous n'avons pas à raconter ici la lamentable histoire
de ce qu'elles sont devenues depuis et entre leurs mains.

Si le service de la dette flottante était facile et dégagé,
la dette elle-même était énorme, écrasante ; là était la
banqueroute imminente de la Monarchie. *Malgré les
accroissements successifs de recettes*, dit M. Garnier-
Pagès dans son rapport du 9 mars, *les budgets présentaient chaque année un déficit considérable. De 1840
à 1847 inclusivement, la dépense a dépassé la recette
de 604 millions.* Vous devez donc vous attendre à des
budgets surpris en flagrant déficit de 604 millions. Il
n'en est rien ; c'est M. Garnier-Pagès lui-même qui vous
dira dans son rapport non moins fameux du 9 mai, *le
solde des découverts de 1840 à 1847 se trouvera lors de
la liquidation des comptes, à peu près balancé.* Un mois
après, le 8 juin, ces paroles arrachées par l'évidence
des chiffres, sont confirmées par M. Duclerc, dans son

projet de budget rectifié, c'est-à-dire un déficit trop
réel cette fois. Ainsi, de par les attestations non suspectes de deux ministres de la République de la veille,
la Monarchie de Juillet laisse un passé parfaitement liquidé jusqu'au 31 décembre 1847. Pour que la *banque-*
route fût inévitable au 24 *février* 1848, il faut qu'en
cinquante-cinq jours, l'ancien gouvernement ait creusé
un abîme bien profond. Ecoutons les financiers de la
République de la veille; le 8 mai, M. Garnier Pagès
évaluera le déficit à 73 millions, et, le 8 juin, M.
Duclerc, toujours avec la même entente financière, por-
tera à 76 le déficit du budget ordinaire : le déficit des
dépenses extraordinaires sera de 169 millions. Pour
1848 donc, suivant de tels financiers, le déficit total
laissé par les dix-huit ans de la Monarchie de Juillet,
aurait été de 243 millions.

Disons maintenant la vérité. Les chiffres de 73 ou de
76 millions sont de pure invention, ne provenant d'aucune donnée sérieuse, n'ayant aucune base, capricieu-
sement fixés pour qu'ils soient gros. Dans leurs calculs
sur les budgets qu'ils présentaient aux chambres, les
ministres de la Monarchie avaient prévu, pour 1847,
un déficit de 36 millions; nous avons entendu les ministres de la République dire officiellement, d'après le
réglement des comptes, que l'exercice de 1847 est
couvert par ses propres ressources. Continuant leurs
prévisions dans la même sagesse, les ministres de la
Monarchie avaient supposé, pour 1848, un déficit de
48 millions : mais c'est à condition que tous les crédits
seraient dépensés, que les recettes resteraient stationnaires contre toute attente, puisque chaque année l'augmentation pour ainsi dire normale n'était pas moindre

de 25 à 30 millions. Les recettes de janvier et de février n'avaient pas rétrogradé ; l'avenir s'annonçait dans de meilleures conditions encore et les appréhensions ministérielles, quoique prudentes, n'auraient pas été justifiées. Il est donc très probable que le déficit de 48 millions n'aurait pas été atteint ; peut-être n'aurait-il pas dû être prévu ; n'importe ! c'est ce déficit problématique que M. Garnier-Pagès et M. Duclerc, de leur science certaine et pleine puissance, comme disaient autrefois les rois absolus, portent à 73 ou 76 millions ; pourquoi pas plus haut ? pourquoi ne pas faire, aux budgets rectifiés de la Monarchie, une plus large part dans les désastres financiers que ces grands citoyens ont préparés pour le pays ?

Mais acceptons ce chiffre de fantaisie. Alors même que le déficit du budget ordinaire eût eté réellement de 73 ou 76 millions, il n'aurait pas conduit la France à la banqueroute. Maintenues libres par une constante prospérité, puisque la rente était au-dessus du pair, les réserves de l'amortissement s'étaient élevées jusques à 84 millions ; elles auraient donc non-seulement comblé le déficit de 73 ou 76, mais encore laissé un reliquat disponible. Où donc était le danger ?

Cherchons-le dans le déficit de 169 millions des dépenses extraordinaires, annoncé dans le rapport. Encore ici une ERREUR ; les travaux avaient été limités à 150 millions pour 1848, voyez le *Moniteur* du 27 janvier 1848, page 204.

Mais n'importe encore ; la rectification est facile : *aux dépenses extraordinaires*, dit M. Garnier-Pagès, *on*

devait faire face avec les produits de l'emprunt. En
effet, le paiement de ces dépenses était assuré par vingt
millions sur un restant libre de l'emprunt de 1841 et
par 130 millions sur celui de 1847. On se demande,
et chacun se fait tristement la même réponse, pourquoi
de telles accusations, lorsqu'il est si aisé de les détruire, pourquoi de telles erreurs lorsque soi-même on
sert à les dissiper? Non, l'effet n'est jamais bon et
durable, lorsqu'il ne repose pas sur la bonne foi et
sur la vérité, surtout en finances. Notre refrain deviendrait fastidieux, si nous demandions encore où sont
les embarras, où est la banqueroute?

Pour les découvrir, nous n'avons plus de chances
que dans la dette publique. Le 31 décembre 1847,
l'Etat ne devait rien pour le passé; le 31 décembre
1848, il n'aurait rien dû pour cette année, si elle
avait fini comme elle avait commencé; enfin il voyait
déjà le terme de ses travaux extraordinaires, soldés
avec ses ressources et sa prospérité! Mais n'anticipons
pas et cherchons l'augmentation menaçante de la dette
publique, léguée au pays par le gouvernement tombé.
*Loin de mettre une si longue paix à profit pour réduire
le chiffre de la dette,* dit M. Garnier-Pagès dans son
immortel rapport du 9 mars, *la dernière administration l'a ainsi augmentée dans des proportions énormes,
912 millions en sept années.* Jamais un chiffre vrai!

Le 31 juillet 1830, la dette publique était de quatre
milliards 419 millions; le 1er janvier 1848, d'après le
compte des finances de 1847, publié par le ministère
républicain, elle était de 4 milliards 916 millions. La
différence est de 497 millions. Il y a loin de ce chiffre

à 912 posé par M. Garnier-Pagès; il y a UNE ERREUR
de 416 millions, qui est quelque chose pourtant, et
nous allons voir que la différence absolue entre la dette
au 31 juillet 1830 et la dette au 1er janvier 1848 ne
donne pas encore le chiffre exact. Si nous en retran-
chons en effet: 1° le capital des rentes inscrites avant
le 1er janvier au nom des adjudicataires de l'emprunt
du 10 novembre 1847, emprunt qui n'est pas porté en
compte; 2° le solde de l'encaisse du trésor; 3° les
créances actives et le capital des rentes viagères calculées
à dix pour cent, dont le gouvernement de Juillet a
déchargé l'État qui en payait 64 millions, en 1829, et
n'en paie plus que 53 aujourd'hui; nous aurons, ces
soustractions faites, un reste de CENT SIX MILLIONS.

Dans le compte de la dette, au 31 juillet 1830, la
Restauration entre pour un milliard et demi; l'Empire
pour deux milliards; la première République et ses li-
quidations pour le reste. Le gouvernement de Juillet,
qui a vécu plus longtemps, n'a ajouté à la dette publique
que cent six millions, accroissement si minime qu'il
est moindre que le revenu d'une seule année de notre
amortissement. Ainsi tombent et disparaissent devant la
vérité, devant l'exactitude des chiffres, ces accusations
déloyales, ces menaces, ces sinistres prophéties, ces
déclarations officielles de périls imaginaires, de banqueroute imminente. Bien au contraire, la dette flottante régulièrement servie fonctionne régulièrement; les
budgets sont revenus à un parfait équilibre; d'innom-
brables travaux sont exécutés partout et soldés sans
difficultés; la dette publique est pour ainsi dire intacte;
partout les ressources au-dessus des besoins, chez tous
la confiance..... Ah! que la vengeance serait facile, si

nous voulions aujourd'hui rechercher ce que sont de
venues ces finances si prospères, ces affaires si faciles,
cet avenir si brillant !

Qu'avez-vous fait de cette France...... ???

Mais nous ne céderons pas à l'entraînement de la
comparaison. Nous ne voulons aujourd'hui que rétablir
l'exactitude de la situation financière du gouvernement
de Juillet et faire juger la bonne foi des attaques qui
l'ont tant poursuivi. Nous ne voulons que la justice
pour tous ; nous espérons qu'elle sera complète et définitive.

Cependant nous ne pouvons nous contenter d'avoir
opposé à la fausseté, à l'absurdité, au ridicule de cette
annonce de la banqueroute, l'état vrai des finances incriminées Il faut encore savoir ce que la Monarchie de
Juillet a fait des ressources du pays. Ce n'est pas tout
que de dépenser, il faut savoir si l'on dépense bien.
*L'augmentation de la dette dans un grand Etat comme
la France*, dit M. Lacave-Laplagne, *ne peut être un
sujet de blâme, que si les résultats obtenus ne sont pas
en proportion avec les sacrifices imposés au pays dans
le présent et dans l'avenir. C'est une opération digne
d'éloges si elle a pour conséquence d'accroître la puissance ou la richesse du pays bien au-delà de l'étendue
de ces sacrifices, et la mesure de cet accroissement devient celle du mérite de l'opération.* Rappelons donc ce
qu'a fait, avec ses budgets, la Monarchie de Juillet
pour justifier cette augmentation de la dette publique
d'une centaine de millions : récapitulons brièvement ses
travaux. *Les travaux publics*, dit M. Garnier-Pagès,
entrepris sans mesure sur tous les points du territoire

à la fois pour satisfaire ou fomenter la corruption élec-
torale... Corruption électorale ! ! ! Vous n'oseriez plus
dire ce mot aujourd'hui. Nous savons ce qu'il exprime
pour vous et pour nous. Nous n'en examinerons pas
avec moins d'impartialité les ressources employées aux
travaux publics.

Les finances de la Monarchie de Juillet sont connues ;
par conséquent justifiées, nous l'espérons. Il n'est personne, si prévenu qu'il ait été, si aveugle qu'on l'ait
fait, si hostile qu'il soit demeuré, qui puisse désormais
lire sans indignation les accusations anciennes, misérablement appuyées de rapports ministériels et ERRONÉS.
Quand l'implacable opposition voulait renverser, toutes
les armes lui étaient bonnes ; arrivée au pouvoir, réduite
à voir la vérité, incapable de la confesser, inhabile à
la suivre, elle a persisté dans les calomnies et dans les
ERREURS de la veille, et elle s'est étonnée que la France,
parvenue, malgré ses coups, à un degré inouï de prospérité, soit tombée, sous sa main, dans l'abîme financier
d'où les plus grands sacrifices ne pourront la retirer
de longtemps. L'or pur s'est changé en plomb, le pro-
dige eût été qu'il en fût autrement.

Les travaux publics étaient surtout le thème favori de
leurs déclamations passionnées. Ce sont les travaux publics qu'ils signalaient conduisant le pays à la banqueroute. Les Républicains de la veille, pressés de donner
des preuves de leur habileté à mieux organiser le travail,
ont substitué aux travaux si vastes, si utiles, si régulièrement soldés de la Monarchie, les ATELIERS NATIO-
NAUX, dont chacun a pu apprécier les produits, admirer
l'économie et l'utilité. Le dernier chapitre de leur his-

toire, le dernier, s'il plaît à Dieu, sera daté du 15 mai
et du 23 juin, et chaque jour nous espérons être enfin
arrivés au dernier compte de leur budget. Les travaux,
les véritables travaux ne produisent ni ces sanglants
désastres, ni ces désastres financiers. Ils font, sous tous
les rapports, le bien de l'État, surtout le bien des
travailleurs, de ceux qui exécutent comme de ceux qui
dirigent et conçoivent. Les ouvrages, entrepris par le
dernier gouvernement, ont donné directement du travail,
depuis plusieurs années, à des centaines de milliers
d'ouvriers, ils en ont procuré indirectement à un aussi
grand nombre d'autres, par les entreprises particulières
que faisait naître l'exécution des travaux généraux. Ces
travaux ainsi multipliés, s'enchaînant les uns les autres,
produisant la prospérité publique et reproduits par elle,
sont la bonne et la véritable organisation du travail. Le
Gouvernement, qui augmentait ainsi le nombre et le
taux des salaires par cette masse de travaux ; qui di-
minuait le prix des objets de consommation par les
progrès du commerce ; qui répandait l'instruction publique sur toute la surface du sol ; qui avait créé les
caisses d'épargne, les salles d'asile, les crèches ; qui
proposait aux Chambres la réforme des monts-de-piété,
la fondation des caisses de retraite pour les ouvriers,
la mise en valeur des biens communaux, ce gouvernement avait plus fait, dans les vrais intérêts du peuple,
quoique le peuple le méconnût alors, que les charlatans
qui lui ont prêché de la tribune à jamais funeste du
Luxembourg, les doctrines les plus fausses et les plus
coupables.

Mais sans discuter ici ces déplorables folies, disons
simplement quels ont été les travaux de la Monarchie

de Juillet ; n'avons-nous pas à la disculper de son plus grand bienfait ? N'oublions pas, en effet, qu'elle n'agissait, disaient-ils, que dans des vues de corruption électorale et qu'elle conduisait la France à une inévitable et imminente banqueroute. Nous en avons jugé le péril et dressé le bilan.

Et d'abord constatons un singulier fait. Toutes les fois que le rapport du 9 mars a cité les chiffres des dépenses du gouvernement tombé, ils étaient inexacts et enflés : c'était l'argument de la banqueroute. Maintenant qu'il s'agit de ces travaux publics, dont le pays entier profitait avec tant de bonheur, le rapport du 9 mars en altère encore le chiffre, mais en sens contraire ; on en devine le motif. Suivant les républicains de la veille, le gouvernement n'a donc employé ou destiné que 839 millions aux travaux publics extraordinaires. L'erreur est assez grande, on va voir. Sans tenir compte des travaux extraordinaires exécutés avec les ressources ordinaires, et ils sont immenses ; en ne faisant ressortir que les dépenses qui ont eu pour résultat d'ajouter au capital du pays et en additionnant les ressources créées par les lois du 17 juin 1833, 14 mai 1837, 25 juin 1841 et 11 juin 1842, on arrive à un total général de un milliard 464 millions. Tel est le véritable chiffre : c'est 600 millions de plus que M. Garnier-Pagès n'accusait. UN MILLIARD ET DEMI représente donc la somme affectée AUX TRAVAUX EXTRAORDINAIRES de l'État.

La plus grande partie de cette somme si considérable, dont l'emploi doit si prodigieusement accroître la richesse du pays, est en dehors des budgets ordinaires. Si donc, à ce que ceux-ci ont soldé, on ajoute 252 millions dûs par les compagnies concessionnaires et 412 millions payés au 1er janvier 1848, et qu'on retranche ce total du milliard et demi, l'ensemble des travaux projetés n'engagera plus l'état que pour 527 millions. Cette somme est à payer comme à employer par l'avenir, car les dépenses n'étant pas faites, quelques-unes même pas commencées, l'état n'était pas débiteur et il était le maître de les ralentir ou de les presser. Cette situation n'était nullement au-dessus de ses forces et de sa puissance financière. Et c'est ici que nous pourrions peut-être adresser quelques reproches fondés au gouvernement de Juillet pour avoir laissé un prétexte aux attaques de l'ignorance et de la mauvaise foi. L'on avait tant crié que l'on avait fini par faire croire à la foule que tous ces travaux étaient à payer immédiatement et que le trésor succombait sous cette terrible échéance. C'était faux et absurde. Pour faire taire ces bruits trop méprisés, pour montrer l'erreur de ces dates et la fausseté de ces calculs, il aurait suffi au Gouvernement d'employer une ressource, puisée encore dans la prospérité du pays. Grâce à cette prospérité, les réserves de la Caisse d'amortissement, inactives sur les rentes toujours au-dessus du pair, s'étaient accumulées jusques à 84 millions, non compris les 40 millions de la dotation annuelle.

Il était tout naturel d'en prélever successivement cinquante, à partir de 1849, et de les négocier même au taux du dernier emprunt conclu dans des circonstances défavorables. On obtenait un capital de plus d'un milliard, dont l'intérêt et l'amortissement étaient assurés, sans qu'un seul centime fût ajouté aux charges des contribuables. Non seulement ce milliard eût tout payé, eût fourni de nouvelles ressources pour de nouveaux travaux, mais encore il aurait eu l'utilité, plus grande peut-être, de dissiper les nuages factices dont les finances étaient alors assombries ; le prestige aurait suffi, les accusateurs auraient fait silence. Ce ne fut pas l'avis du Gouvernement : dédaignant des accusations injustes et de vaines clameurs, il persista dans son système de ne point toucher aux réserves de l'amortissement, à ces épargnes annuelles si sagement conservées et accrues depuis quinze ans. Il sacrifia la facile popularité qu'il aurait reconquise en évitant quelques déficits apparents, à la confiance légitime qu'elle lui reviendrait plus durable le jour où tous les travaux terminés et soldés justifieraient la justesse de ses prévisions et l'exactitude de ses calculs. Encore quelques années, et cette double gloire lui serait venue. Alors... mais quels ont été, depuis 1830, ces travaux, ces immenses dépenses et ces immenses recettes ?

C'est ce que nous allons examiner, pour répondre à la réfutation que le *Courrier de la Moselle* nous a fait l'honneur de nous adresser.

Nous avons deux réponses à faire à l'article que le *Courrier de la Moselle* nous a fait l'honneur de nous consacrer dans son numéro du 30 décembre. La première sera courte. En effet, nous n'en avons pas relativement autant dit que notre honorable adversaire sur le malheureux rapport du 9 mars *dont*, suivant ses expressions, *les assertions sont parfois empreintes d'exagération dans les deux sens*. Nous n'avons que fait ressortir et combattre ces assertions exagérées, mensongères, lesquelles effectivement ne peuvent jamais servir *à bannir la méfiance, à dissiper les craintes, à ramener le crédit.* Il faut d'autres conditions : la première est la vérité. Les rapports ministériels ne satisfaisaient à aucune, loin de là !

Si la situation au 24 février était assurée pour quelque temps, est-ce une raison pour qu'elle dût l'être pour tout l'avenir, demande le *Courrier de la Moselle?* Non, rien en ce monde n'est assuré pour tout l'avenir, pas plus les Républiques peut-être que les Monarchies. Mais les finances de la Monarchie de Juillet étaient dans une situation liquide, prospère, rassurante pour tout l'avenir que la prudence humaine peut entrevoir et calculer. Nous n'avons voulu que rétablir ce fait dénaturé par les rapports ministériels. Nous l'avons fait sans *violence :* nous n'avons besoin que de la violence de la vérité.

Nous aussi nous connaissons *le magnifique débat qu'a suscité dans la discussion de l'adresse, au mois de janvier dernier, la situation de nos finances.* Nous n'avons pas oublié les *exagérations dans les deux sens* des oppositions conjurées. Ainsi, ce n'est pas dans ces souvenirs, même dans les réponses victorieuses des ministres de la Monarchie, que nous avons recherché des arguments. Les passions passent, emportant leurs haines, leurs jalousies, leurs discours de circonstance ; la vérité seule ne passe pas. Elle n'était pas dans les rapports des ministres de la République, et notre honorable adversaire le reconnaît, puisqu'il nous accorde que *nous avons beau jeu contre ce rapport.* Nous ne voulons que constater cette absence de la vérité.

Nous ne pouvons *replacer la Monarchie de Juillet*

au 24 *février*, *effacer la révolution et puis supposer que l'élan donné par la France à l'Europe soit sorti du sein de l'Italie, de la Prusse ou de l'Autriche......* Ce jeu dangereux de l'imagination est inutile pour constater l'état des finances de la Monarchie tombée et ne peut rien prouver pour ou contre l'exactitude des rapports. L'on ne peut sérieusement faire à la Monarchie de Juillet le reproche de ne pas avoir disposé ses finances pour l'avènement de la République, pour les désastres qui en ont été l'inévitable conséquence; pour le déficit qui, tous les jours, creuse plus profondément son gouffre. Nous ne supposons pas que les Républicains de la veille se soient bien appliqués à préparer leurs finances, alors même qu'ils les auraient laissées s'accumuler un seul jour, pour le cas où l'élan donné par la France à l'Europe lui reviendrait désabusé de l'Italie, de la Prusse ou de l'Autriche...... Nous n'avons parlé que du passé; nous n'avons voulu que rétablir l'exactitude de chiffres trop grattés, que rappeler l'état florissant du trésor et du pays. *Si la situation était si prospère qu'on veut le prouver aujourd'hui,* dit le *Courrier de la Moselle, d'où vient que les rentes, du cours de 121 qu'elles avaient atteint, étaient parvenues à 115?* Comment, vous ne permettez pas les oscillations du crédit public dans de telles limites et vous ne trouvez pas, pour la Monarchie, la situation suffisamment prospère, lorsque les rentes sont à 115!

Non, non, les finances de la Monarchie de Juillet n'ont pas eu besoin *de charger les successeurs de leur liquidation.* Vous avez vu le DOIT : nous allons vous montrer un peu de l'AVOIR : ce sera notre seconde réponse. Après l'avoir lue, nous sommes convaincus que vous répéterez les paroles que vous avez déjà loyalement écrites dans l'article auquel nous répondons : *non , la France n'était pas à la veille d'une terrible catastrophe.* Nous n'avons voulu prouver que cela contre les financiers de la veille s'écriant que la Monarchie conduisait la France à la BANQUEROUTE. Votre démenti s'ajoute au nôtre : la vérité n'a pas de parti.

Nous n'avons ni le projet ni la prétention d'écrire l'histoire du Gouvernement de Juillet. Nous n'avons cherché qu'à lui restituer quelques comptes défigurés , qu'à rappeler quelques travaux , qu'à expliquer des dépenses indignement calomniées. Il faut que la vérité , délivrée des chiffres des républicains de la veille, soit connue de tous, et la justice du pays prononcera.

Depuis 1830 , le sort du clergé a été amélioré ; quoique le traitement des archevêques et des évêques ait subi une forte et regrettable réduction , son budget reçoit cinq millions de plus. Des cathédrales ont été élevées , des églises , restaurées ou reconstruites ; 4385 succursales ou chapelles vicariales créées. Les consolations de la prière sont ainsi rendues plus faciles aux habitants des campagnes.

Les dépenses du culte protestant ont été presque doublées ; le culte israélite a été salarié par l'État.

Les traitements de la Magistrature ont été augmentés. Les juges de paix ne reçoivent plus les rétributions des justiciables et la dignité de leurs fonctions relevée assure plus de respect à leurs jugements. Des Palais de Justice ont été construits à Lyon , Bordeaux , Montpellier , Rouen , Pau , etc.

L'Instruction primaire a été établie dans chaque commune. Quatorze colléges royaux, des facultés nouvelles, de nombreuses chaires d'enseignement ont été fondés. Des bibliothèques mieux dotées ont été ouvertes aux heures où l'ouvrier, désireux de s'instruire, peut les fréquenter. Le budget de l'instruction publique de l'année 1846, comparé à celui de 1829, a une augmentation de plus de dix millions.

Le service des postes amélioré à l'intérieur par de nouvelles et nombreuses Malles-Poste, par des distributions multipliées et quotidiennes à la campagne, par la suppression du décime rural, par plus de célérité partout et par les Paquebots à l'extérieur.

Des maisons centrales de détention, des asiles d'aliénés, des hospices pour les enfants trouvés, une école vétérinaire à Toulouse, une école des arts et métiers à Aix.

Parmi les monuments commencés avant 1830, entrepris et terminés par la Monarchie de Juillet, citons : l'Arc de triomphe de l'Étoile, l'Église de la Madeleine, le Panthéon, l'École des Beaux-Arts, l'Hôtel du quai d'Orsay, la chambre des députés, la colonne de Boulogne, le Muséum d'Histoire naturelle, le collége de France, l'Observatoire, l'Institut, l'Hôtel des Archives, les Ministères, la colonne de juillet, l'obélisque de Louqsor, l'Ecole normale ; citons encore le dépôt des cartes de la marine, la restauration de la Sainte-Chapelle, l'hôtel de la présidence de la chambre, celui du timbre, la restauration du château de Blois, de l'amphithéâtre d'Arles, le tombeau de Napoléon. Et combien de ces travaux viendraient s'ajouter à la liste....

Un effectif de l'armée plus considérable; des avantages nouveaux à tous les grades; les généraux conservés à la seconde section de l'Etat-major; les soldats mieux logés, mieux nourris, mieux vêtus.

L'Algérie conquise et pacifiée, malgré les efforts d'Abd-el-Kader et les entraves de l'opposition; des casernes, des hôpitaux, des magasins construits sur tous les points de son territoire; ses routes ouvertes, ses ports rendus plus vastes et plus sûrs. En un mot, les dépenses de l'Algérie, qui étaient de treize millions en 1832, se sont élevées à 107 millions en 1846, et la totalité de ces dépenses de 1830 à 1846, est de 810 millions, non compris celles de la marine : c'est plus d'un milliard.

Paris et Lyon fortifiés; Grenoble, Besançon, Béfort doublés de force et d'importance. Nous ne mentionnons pas les grandes réparations faites aux autres places de guerre.

Le matériel de l'armée a été augmenté; la sagesse profite de la paix pour préparer la guerre. Répétons ici que tous nos chiffres sont authentiques; ceux-ci ont été tirés des comptes officiels publiés par le ministre de la guerre :

	Au 1er Janvier.	
	1830	1846
Bouches à feu	11,152	17,668
Affûts.	10,582	17,318
Voitures de l'artillerie et des épuipages militaires	8,612	17,445
Fusils.	710,334	2,200,479
Mousquetons et carabines. . .	48,590	180,776
Pistolets	50,385	170,508
Sabres et épées	336,326	1,361,721
Lances	26,330	60,854
Chevaux (effectif moyen des années 1829 et 1846 — Comptes de 1829 et 1846 pages 236 et 219	46,863	80,028

Les autres parties du matériel, dit M. Lacave-Laplagne, ayant été accrues dans la même proportion, on comprend que la valeur totale de ce matériel, estimé 180 millions au 1er janvier 1830 (page 303 du compte de 1829), se soit élevée à 434 millions le 1er janvier 1846 (page 840 du compte du matériel pour 1845). Un nouvel accroissement aura été la conséquence des opérations de 1846 et 1847. *Pendant dix-sept ans*, dit M. Garnier-Pagès dans son rapport du 8 mai, *la France avait prodigué, non pas les millions, mais les milliards.... pour n'avoir pas d'armée.*

L'accroissement du matériel de la marine a été de près de 80 millions.

L'administration des tabacs possède aussi en constructions et en approvisionnements un matériel assez important. Il était de 50 millions le 1er janvier 1830 et de 87 millions au 1er janvier 1847.

Cent millions ont été employés à l'achèvement des canaux de 1821 à 1822 ; cent dix-sept millions aux canaux de la Marne au Rhin, de la Garonne, de l'Aisne à la Marne et de la Haute-Seine, sans compter ceux que l'industrie exécutait. La navigation de ces rivières a dû être améliorée et a absorbé 80 millions, indépendamment de l'augmentation de crédit pour l'entretien ordinaire.

Les ports maritimes ont coûté 82 millions et leur crédit a été doublé. De plus, 4 millions ont été dépensés pour l'éclairage de nos côtes.

Que dire de nouveau sur les chemins de fer ? Rien, si ce n'est qu'il y en avait 2,050 kilomètres en exploitation et 2,144 en construction. Qu'apprendre à quiconque a des yeux et de la bonne foi, sur nos routes ? Depuis 1830, il a été construit plus de 1,500 kilomètres de routes royales et porté plus de 17,000 à l'état d'entretien. Sur ces routes, plus de 100 millions ont été ajoutés à l'entretien ordinaire, plus de 170 millions dépensés en travaux extraordinaires. S'il n'existe pas de statistique aussi précise pour les routes départementales, on sait l'impulsion donnée à leurs travaux depuis 1830. Les conseils généraux, profitant avec raison de la prospérité qui rendait léger le poids de quelques centimes additionnels, se pressaient à l'envi de les achever. Il y en a aujourd'hui en France plus de 30,000 kilomètres à l'état d'entretien. Ajoutons la construction de 1,500 kil. de routes stratégiques. Enfin, des 60,000 kilomètres de chemins vicinaux de grande communication, plus de la moitié sont achevés, et pour résumer les travaux exécutés, depuis la loi du 21 mai 1836, sur les chemins vicinaux ordinaires, tant en prestations qu'en argent, nous les exprimerons par le chiffre de 540 millions.... Mais n'oublions pas que le Gouvernement monarchique qui a fait ces choses, a augmenté la dette publique d'un capital de CENT SIX MILLIONS n'oublions pas surtout ces paroles à jamais mémorables du fameux rapport : *si l'on se demande ce qu'a produit cette masse de capitaux, l'esprit s'arrête déconcerté devant l'énorme disproportion des moyens avec les résultats.*

Nous avons fait un résumé fidèle mais incomplet, un simple et rapide aperçu des dépenses et des travaux de la Monarchie tombée. La religion, les sentiments élevés du pays, les besoins matériels, les intérêts généraux et privés, les arts, les sciences, les lettres y trouvent un budget, une satisfaction, une espérance. Tous ces établissements ont leur grandeur et leur utilité. La prospérité de la France est noble et féconde.

Mais tous ces travaux ne sont pas improductifs; il en est dont l'intérêt ne se paie pas seulement par de la gloire, de l'éclat ou de la puissance : la richesse publique s'en est accrue. Nous savons que le matériel de l'armée vaut 254 millions de plus, celui de la marine 80, celui des tabacs 37. L'Algérie a rapporté treize millions en 1846 et les canaux plus de cinq. D'après des relevés exacts du nombre des voyageurs et du transport des marchandises sur nos routes, en calculant le coût de ces transports au prix de cinq centimes par voyageur et de quinze centimes par mille kilogrammes

pour un kilomètre parcouru, on arrive à une dépense
annuelle de 600 millions. La simple réduction d'un
sixième est donc une économie de cent millions pour
le pays, sur les routes seules. Quant aux transports
sur les chemins vicinaux, si l'on songe au temps qui
est gagné, à la diminution du nombre des attelages et
du poids des voitures, à la meilleure conservation des
uns et des autres, à la plus value des maisons, des
usines et surtout des terres, on reconnaîtra d'incalculables avantages.

Ce n'est pas tout : ouvrez les tableaux officiels du
commerce de la France avec l'étranger. Le transit était,
en 1832, de 1700 tonnes ; il a été, en 1846, de 5700 :
augmentation de plus de 300 pour 100.

Le commerce *général* a été, en 1829, importation et
exportation réunies, de 1,226 millions ; il a été, en
1846, de 2,437. augmentation de près de 100 pour 100.

Le commerce *spécial*, c'est-à-dire propre au pays,
a été, en 1829, de 988 millions ; en 1846, de 1773 :
augmentation de près de 80 pour 100.

La France, nous le demandons maintenant : la France
a-t-elle bien employé son argent ?

Enfin, comment la Monarchie s'est-elle procuré ces
immenses ressources ?

En 1832, le principal des contributions personnelle et
mobilière et des portes et fenêtres a été augmenté de
16 millions 26 mille francs. C'est la seule charge nouvelle
imposée au profit du trésor de l'état, depuis 1830. Mais
les quatre contributions ont produit 90 millions de plus
en 1846 qu'en 1829.

Les contributions indirectes ont produit, en 1846, 246 millions de plus qu'en 1829, et l'on a sans doute oublié les dégrèvements qu'elles ont supportés. D'abord le gouvernement a eu l'honneur d'accorder à la morale publique la suppression des jeux et de la loterie, qui rendaient 18 millions au trésor ; ensuite il a supprimé la rétribution universitaire, dont le produit était de deux millions. Le million de la taxe rurale des lettres l'a été également. Les droits de l'enregistrement, de navigation, des douanes, des boissons ont été considérablement diminués. M. Lacave-Laplagne, que nous devrions toujours citer, a calculé que si l'on avait appliqué aux boissons le tarif antérieur au dégrèvement du mois de décembre 1830, elles auraient rapporté 46 millions de plus en 1846. Les droits de douane ont été diminués de près de 13 millions ; l'acajou de 300 pour cent, le coton de 100, la houille de Belgique de 100, celle d'Angleterre de 60, l'indigo de 33, l'huile d'olive de 27, etc.

Les autres contributions indirectes ont été allégées de 47 millions.... et toujours les produits croissaient.

Ah ! nous ne voyons que trop comment *la République a sauvé la Monarchie de la banqueroute !!!* Qui en sauvera la République ?

II

Budget de **1850** et Douaire de Madame la Duchesse d'Orléans (*)

En lisant l'exposé des motifs du budget de 1850, présenté par M. Passy, nous nous sommes souvenus des fanfares que faisaient entendre, en mars 1848, *les vainqueurs de Février. Oui, citoyens,* s'écriait M. Garnier-Pagès dans son fameux rapport, *proclamons-le avec bonheur, avec orgueil, à tous les titres qui recommandent la République à l'amour de la France et au respect du monde, il faut ajouter celui-ci :* LA RÉPUBLIQUE A SAUVÉ LA FRANCE DE LA BANQUEROUTE !

Nous voudrions bien savoir ce que l'enthousiasme républicain et financier de M. Garnier-Pagès proclame aujourd'hui avec bonheur, avec orgueil !

Les créanciers des caisses d'épargne, les porteurs des bons du trésor, les rentiers, les propriétaires, les fermiers, les industriels, tous, en un mot, depuis le plus riche jusques au plus pauvre, témoignent de ce que la République a déjà fait pour les fortunes privées ; M. le ministre des finances vient nous donner le bilan exact de la fortune de la République elle-même.

La situation des finances est grave, dit le ministre ; *sur elle pèsent des embarras sérieux, et des périls même*

(*) INDÉPENDANT DE LA MOSELLE, 9 août 1849.

*ne tarderaient pas à s'y attacher, si le Gouvernement
ne trouvait dans votre sagesse le concours dont il a besoin
pour les écarter.*

Après cet effrayant début, M. Passy tracè à sa manière l'historique des budgets de la Monarchie, depuis
l'année 1839, qui est remarquable, puisqu'elle vit son
premier ministère. Nous ne contesterons pas ses aperçus ;
nous ne discuterons pas les chiffres ; nous ne combattrons
pas des regrets rétrospectifs et une opposition de dix
années qui se surprend encore à la rancune prolongée
de son éloignement ministériel ; nous aurons tout à
l'heure des reproches autrement graves à adresser à
M. Passy ; dans ce moment, nous ne voulons nous occuper que des budgets de la République.

Pour nous en rendre complètement raison, n'oublions
pas dans quel état elle a surpris ceux de la Monarchie.
C'est le point de départ ; c'est la première lumière. Le
9 mai 1848, M. Garnier-Pagès a fait un rapport non
moins fameux que celui précité, dans lequel il dit : *le
solde des découverts de* 1847 *à* 1848 *se trouvera, lors de
la liquidation des comptes,* A PEU PRÈS BALANCÉ : le 8
mai suivant, M. Duclerc, autre ministre des finances,
confirme ces paroles. Ainsi, la République de la veille
certifie que la Monarchie laisse un passé parfaitement
LIQUIDÉ jusqu'au 31 décembre 1847.

« Au moment où il fut voté, le budget de 1848,
» continue M. Passy, admettait, dans ses prévisions, un
» découvert de 48 millions sur le service ordinaire, et
» de 169 millions sur le service extraordinaire. Ce bud-
» get était en cours d'exécution quand la révolution de
» février survint. »

Disons, pour ne plus revenir sur les budgets de la Monarchie, que ce déficit prévu de 48 millions, l'était par un excès de prudence ; que le budget de 1847 en avait annoncé un de 36 millions, qui ne s'était pas réalisé ; qu'il fallait supposer que tous les crédits seraient dépensés ; que les recettes resteraient stationnaires, au lieu d'augmenter de 25 à 30 millions, etc., etc. ; en un mot, les recettes de janvier et de février répondaient aux espérances qu'une croissante prospérité faisait raisonnablement concevoir : quant aux 169 millions de déficit du budget extraordinaire, les ressources créées par les emprunts suffisaient au paiement des travaux autorisés pour cette année. Le 23 février donc, nul déficit et, partant, les dépenses et les recettes balancées.

« .... La révolution de février, c'est son ministre des » finances qui parle, ajouta 265,498,428 aux dépenses » admises par le budget primitif ; de l'autre, elle abaissa, » en dix mois, le produit des contributions indirectes » de près de 158 millions. Ni les retenues sur les trai- » tements, ni l'impôt des 45 centimes, ni les 269 mil- » lions obtenus par des emprunts successifs, n'ont pu » suffire à combler la différence, et le déficit prévu et » constaté n'est pas au-dessous de 72 millions.

Ce n'est pas tout. Le tonneau de la révolution de février n'a pas de fond. Il a fallu 56 millions et demi de rentes pour éteindre une portion des engagements exigibles du trésor, malgré l'augmentation d'intérêt qu'il s'était empressé d'offrir, et entendez encore M. Passy : *là ne s'arrêtèrent pas les créations de rentes ; de nombreux emprunts furent contractés, et, durant l'année 1848, le Grand-Livre se chargea de 56 millions 501,800*[f]

de rentes nouvelles, auxquelles seront encore ajoutés 6
millions à titre d'indemnité coloniale.

Passons le budget de 1849; laissons M. Passy rendre
hommage à la science financière de ses devanciers de la
veille, par cette simple phrase : *tout était éventuel dans
la plupart des calculs adoptés* et par la preuve en chiffres
des folies de leur aveuglement. Laissons-le apprécier les
mesures de l'Assemblée constituante, faisant des économies impraticables, abolissant des impôts indispensables,
désorganisant les services et votant enfin la suppression
de l'impôt sur les boissons. *Un tel vote, s'il devait recevoir son exécution*, dit M. Passy, *deviendrait fatal.*

« Quels seront les résultats définitifs de l'exercice
» 1849, se demande enfin M. Passy? Dès à présent,
» on peut évaluer à 184 millions le découvert qui se
» produira. Il est à craindre toutefois que le chiffre ne
» s'élève ENCORE NOTABLEMENT. »

Voilà le passé ! ! ! Qui, au lieu de le récapituler, ne
se frappera le front !

« Au premier janvier 1850, dit M. Passy, l'ensemble
» des découverts montera à CINQ CENT CINQUANTE MIL-
» LIONS AU MOINS.... Quant aux dépenses de l'année,
» elles s'élèveraient, celles de l'amortissement mainte-
» nues, à 1,591,332,077 fr., et comme les recettes, y
» compris le produit de l'impôt sur les boissons, ne
» fourniraient que 1,270,953,849 fr., le déficit ne se-
» rait pas au-dessous de TROIS CENT VINGT MILLIONS. »

Voilà l'avenir ! ! !

Déficit en 1848, déficit en 1849, déficit en 1850,
toujours déficit et déficit toujours grossissant.... qui l'ar-

rêtera? nous doutons que le ministre actuel des finances
y parvienne avec les mesures qu'il propose et que nous
examinerons dans un prochain article.

Mais il en est une qui a soulevé dans notre âme la
plus vive indignation, et qui ne la partagera? Nulle
part la lâcheté politique ne trouve d'écho, et si le ministre actuel des finances a cru faire une avance ou une
concession aux républicains de la veille, il les a calomniés. *Nous n'avons rien inscrit au budget de ce qui
concerne le douaire de Mme la Duchesse d'Orléans ; c'est
ce qui a déjà eu lieu l'année dernière, et le budget de
1850 ne pouvait contenir aucune proposition pour 1849 ;
il y a là d'ailleurs une de ces questions mixtes qui doivent être examinées avec la réserve que commandent de
justes convenances et sur laquelle l'Assemblée aura plus
tard à statuer.* Ce sont les paroles de M. Passy, c'est sa
justice, c'est son courage, ce sont ses respects pour l'infortune ! Comment, ce douaire sacré par un malheur que
la France entière a ressenti ; ce douaire si saintement
mérité par tant de vertus ; ce douaire plus légal encore
par une inconsolable douleur que par le texte formel
des lois ; ce douaire, vous, ancien ministre de la Monarchie, impatient de le redevenir alors, vous êtes capable
de l'appeler une QUESTION MIXTE ! Non, non, les questions pareilles ne portent pas ce nom, ne doivent pas
être examinées avec réserve à une tribune française, et
l'acquit d'une telle dette ne se discute pas. Puisque vous
n'avez pas su comprendre que ce serait un éternel honneur pour vous, le plus grand qui entourera votre nom
sans doute, surtout s'il vous coûtait votre portefeuille,
que d'avoir rétabli au budget, comme la première dette
de la République, le douaire de l'auguste veuve d'un

prince à jamais regrettable, allez au palais de l'Élysée, et vous y apprendrez comment l'Empereur Napoléon, en 1815, s'empressa de décréter une pension pour Madame la Duchesse d'Orléans, la grand'mère de la princesse que vous traitez avec cette indignité. Allez-y, monsieur, recevoir cette leçon ; la générosité ne déroge pas.

III

Le Coup d'État par le citoyen Lamartine (*).

———◦⊱◦———

Nos lecteurs ont peut-être rencontré, en parcourant les feuilles d'annonce des journaux, le titre pompeux de celui que M. de Lamartine publie seul à six francs par an. L'illustre poète, comme on disait autrefois, se livre aux soins personnels d'une édition de ses œuvres complètes, et l'homme d'état, puisqu'homme d'état il a eu le malheur de se croire, brûle tous les mois un encens de plusieurs feuilles imprimées en l'honneur de son génie et de ses gloires républicaines. Les commentaires de César ne soutiennent pas la comparaison, et cependant M. de Lamartine entonne à peine les louanges de Lamartine.

Mais cet écho solitaire ne pouvait longtemps suffire à l'avidité de bruit qui consume le chantre oublié de Jocelyn, le garde du corps de Louis XVIII, le courtisan de la légitimité, l'orateur que le gouvernement de Juillet ne nomma ni ministre, ni ambassadeur, ni président de la chambre, et que son implacable rancune fit un des pères de la République et l'ami persévérant de M. Ledru-Rollin. Le voilà qui compose des *premier Paris* dans la *Presse* en y réimprimant son journal; triste manière de constater son succès, triste réclame d'abonnés qu'une telle hospitalité! Mais il faut, à tout prix,

(*) INDÉPENDANT DE LA MOSELLE, 15 août 1849.

occuper un public qui s'éloigne de l'homme d'état comme du poète, qui n'achète pas plus le *Roman du 24 février* qu'il ne souscrit au *Conseiller du Peuple*, et il vaut mieux parler soi-même de soi, que de ne pas en entendre parler du tout.

La *Presse* donc a fait connaître les suppositions, les alarmes, les douleurs et les colères de M. de Lamartine contre le Coup d'état que, selon son dépit paternel, on accuse le président, on accuse le ministère, on accuse l'armée, on accuse l'assemblée législative, on accuse le suffrage universel, on accuse tout le monde de méditer prochainement contre la République. Il conseille au Président de préférer *à une misérable parodie du 18 brumaire, à un calque de gloire derrière la vitre de l'Élysée, la gloire nouvelle et sérieuse de dévouer un grand nom à un grand peuple*, comme s'il n'y avait de gloire nouvelle et sérieuse qu'à penser comme il a pensé un jour, et qu'à agir comme il rêve. Il conseille le ministère, il conseille l'armée, puis la majorité, puis la nation tout entière; il prie, il supplie, il pleure sur les ruines de son œuvre abandonnée. Songer à attaquer la République! qui donc l'oserait, après avoir été illuminé par cette fantasmagorie de paroles brillantes, convaincu par ces idées vides et sonores, touché par ces attendrissements harmonieux? Le Président! Mais s'il est fidèle à M. de Lamartine, *il sera couronné de gloire par la démocratie à venir.* Les ministres? Mais, *déshonorés à jamais devant Dieu, devant eux-mêmes et devant la postérité, ils seraient maudits et flétris à jamais par la vengeance de leur patrie.* Un général? La droite de l'Assemblée? Le pays lui-même? Non, non, la République fondée par M. de Lamartine est l'arche sainte contre laquelle la reconnaissance de la France heureuse et fière, plus encore que le code pénal, interdit toute discussion, tout doute, toute espérance. Elle a droit à tous les amours, puisqu'elle apportera toutes les félicités, lorsque M. de Lamartine la gouvernera.

C'est un curieux et affligeant spectacle que celui d'un homme à ce point égaré par la démence de l'orgueil. Jamais il n'a pu en calmer le délire; jamais un succès ne lui a suffi; jamais la raison ne l'a éclairé et contenu. Poète vaporeux de l'âme, il croit que les applaudissements prodigués à ses Méditations s'adressent à un Homère, et il tombe avec son *Ange* d'une chute mortelle. Voyageur, il échoue devant l'*Itinéraire* de M. de *Châteaubriand* que sa jalousie prétendait effacer. Historien, il commet la mauvaise action des *Girondins*. Député, il trouve des chants pour tous les partis, des sophismes pour tous les systèmes, des oublis pour toutes les opinions, des ambitions pour tous les pouvoirs, des encouragements pour toutes les anarchies. Vous avez vu son vote à droite, à gauche, au centre, à l'extrême gauche, plus à gauche encore: à chaque session, à chaque séance, il change au gré de ses passions, à l'aventure de ses intérêts, et, personne ne consentant à les satisfaire, personne ne pouvant croire à cette éloquence prête à tous les vents et aussi variable que leur souffle, un jour, dans un dernier vertige, il se fait républicain de la veille.

Oui, républicain de la veille, car il a épouvanté de l'ardeur de son apostasie les plus farouches républicains émérites, le comédien et le journaliste de la *Réforme,* ne conspirant que pour obtenir la régence et subissant la République de la pression démagogique de M. de Lamar-

tine seul, dans cette fameuse conférence dont il ne sortit
que pour jeter à Madame la Duchesse d'Orléans les paroles
de proscription, qui furent sa vengeance et resteront son
opprobre ! Oui, républicain de la veille, car il a sacrifié
à son pacte avec M. Ledru-Rollin une popularité qui
l'avait fait l'espoir de la France abusée ? Et croyez-vous
que la République soit son principe ? *La charte n'a pas
créé deux pouvoirs,* a-t-il dit à la chambre des députés,
*elle en a créé trois. Avec deux pouvoirs, la majorité est
impossible. Un ou trois. Un ? c'est le despotisme, qu'il
s'appelle Convention ou Napoléon. Trois ? c'est la liberté.*
(*Moniteur.* — Séance du 10 janvier 1839.)

Et que dit-il aujourd'hui ? Il dit ce que les remords
déjà venus lui font entendre à lui-même. Il se ment sur
ce qu'il a fait pour se pardonner sur ce qu'il aurait dû
faire. Il se glorifie de sa conduite, comme s'il espérait
imposer le mensonge à ses complices, l'oubli à ses contemporains, le silence à l'histoire. Il crie fort pour ne
pas s'écouter. Il se démène dans le supplice de ses souvenirs ; il les corrige, il les façonne, il les approprie à
ses impressions d'aujourd'hui, à ses repentirs involontaires et cuisants. La peur même le torture, cette peur
venue de la conscience et que le courage ne dissipe pas.
Le Coup d'État est fait, dit-il, *ce que je reconnais très-
aisé ; vous avez conduit les républicains modérés et* MOI
à VINCENNES, *à* HAM *ou le long de ce mur encore sanglant
de l'*OBSERVATOIRE, *où l'on fusillait, il y a trente ans,
ceux qui avaient sauvé leur pays sur les bords de la
*BÉRÉSINA. Ah, qu'il se rassure ! il n'aura pas plus l'hon-
neur d'être une victime qu'il n'a eu la gloire d'être un
sauveur. Son châtiment ne sera pas une mort illustre.
Celui qu'il mérite, il le subit déjà, il le porte en lui-

même ; écoutez-le : il n'a pas fait de mal : *après une dictature républicaine de quatre mois, où la République n'a coûté ni une goutte de sang, ni une proscription, ni une confiscation, ni une heure de prison, ni un procès pour opinion, ni un centime extorqué, ni un cheveu à un seul Citoyen*..... Il est vrai, votre dictature n'a pas ramené 1793, la guillotine, les assignats, l'invasion, et vous n'étiez pas arrivés, en quatre mois, à ces larmes et à ce sang ! Cela vous suffit ! Cela vous absout ! Mais les misères privées et les calamités publiques, vous n'en voyez rien ? Vous ne savez rien de l'état du commerce et de la propriété, rien du budget de la République, rien de la situation intérieure et extérieure ? Ce que vous savez mieux et ce que vous voudriez inutilement faire oublier, c'est qu'il n'a pas dépendu de vous que la révolution, abandonnée par vos mains impuissantes et inhabiles, ne fût emportée jusqu'au-delà des crimes que vous vous félicitez si misérablement de n'avoir pas renouvelés.

La France, selon vous, qui avez aujourd'hui moins que jamais le droit de parler en son nom, *la France ne fera pas une nouvelle révolution par horreur des révolutions*. Mais qui peut la faire penser à une révolution nouvelle, qui a réveillé son horreur des révolutions ? Pourquoi parlez-vous incontinent *des hommes sages du 24 février* ? Est-ce le rapprochement spontané d'une conscience vengeresse ? Est-ce encore à vous qu'elle vous fait penser, est-ce à vos étranges amis, lorsque vous recherchez quels sont *les partis impatients, turbulents, violents, pressés de jouir ou de détruire, qui iraient demander au crime ce que la légalité leur assure* ? Votre réponse est-elle donc si pressante, votre besoin d'excuses et d'illusions est-il donc si grand que vous vous encensiez sérieusement d'une aussi folle croyance : *nous vous avons ramené du bord du plus terrible cataclysme où une société sans gouvernement soit jamais tombée.* Votre collègue, M. Garnier-Pagès, proclamait avec une conviction égale sans doute, que la République *avait sauvé la France de la banqueroute :* financier qui vaut le pilote ! Enfin, ne craignez-vous pas l'immense ricannement, un autre accueil peut-être, des hommes sensés de tous les pays, de l'Allemagne surtout, qui vous entendraient vous vanter *des peuples que vos doctrines sagement républicaines attiraient à nous, il y a un an,* séduits évidemment par les prospérités que votre fameux manifeste devait exporter dans le monde ?

Après ces retours, pour légitimer votre conduite à vos propres yeux, pour tenter aussi vainement d'étouffer la voix intérieure qui vous accuse, il vous est impossible de vaincre le découragement de votre mémoire et de votre impuissance. Du passé que vous avez fait, vous concluez à un avenir qui se lève, au contraire, chaque jour contre vous. Vous êtes aveugle, en croyant protéger vos souvenirs par des pronostics effrayants. *Que l'œil qui peut envisager sans se troubler,* dites-vous, *ce chaos dans lequel vous précipiterait en six mois la suppression de la République, le fasse, quant à moi, je ne le puis pas, je détourne mon regard et prie Dieu d'éloigner de l'oreille du Président et de l'orcille de la bourgeoisie de Paris, les fous qui leur donnent de pareils conseils.* Et ce chaos, ce chaos qui est votre ouvrage, qui dure depuis le 24 février, avez-vous prié Dieu le 23, de détourner de l'oreille des conspirateurs les encouragements inattendus, les conseils factieux, les insistances criminelles qui devaient le produire ? Pensiez-vous à Dieu comme aujourd'hui, alors que vous violiez vos serments et que vous ourdissiez les complots qu'il défend ? *Voyant*, dites-vous, *le trône renversé à nos pieds et ayant un sentiment prompt, juste, prophétique et vrai des énormes difficultés d'asseoir désormais un trône solide quelconque sur la lave brûlante et mobile d'une démocratie victorieuse, j'ai eu aussi l'instinct du moment comme la France, et j'ai dit : précipitons hardiment pour son salut la société dans la république. Sauvons la famille et la propriété par la main de tous. Réfugions la France dans la liberté ! Vous voyez aujourd'hui si nous avons eu tort....* Oui, nous voyons aujourd'hui si vous avez eu tort ! vous, Monsieur, vous devez voir si votre sentiment a été juste et prophétique ! vous devez estimer la vérité de cette démocratie victorieuse, dans cette victoire aujourd'hui connue, contre 56 soldats brûlés, 15 gardes municipaux égorgés, un piqueur assassiné ! vous devez voir comment vous avez sauvé la famille et la propriété ; dans quel refuge, dans quel salut vous avez hardiment précipité cette France, un moment remise entre vos mains par son plus mauvais génie ! Voilà ce que votre œil ne pourra envisager sans se voiler de larmes de sang. Et il la verra se débattre dans les malheurs qu'elle vous doit, dans ses efforts et dans ses difficultés pour en sortir, dans ses besoins que vous n'avez pas compris, dans ses espérances que vous avez fourvoyées : Elle vous dira comment, à cette heure où vous vous êtes cru un grand homme d'Etat ; où vous avez usurpé un rôle qu'elle ne vous destinait pas ; où votre orgueil a pris pour la voix du peuple les clameurs de quelques misérables ; où vous avez écouté votre *instinct* de rancune et d'ambition impitoyable, au lieu d'en appeler à ces nobles sentiments de l'honneur et du devoir qui arrêtent ou condamnent les révolutions et immortalisent les hommes; elle vous dira comment elle juge votre conduite et l'histoire enregistrera sa sentence.

L'histoire ! elle s'occupe en ce moment à tracer votre véritable rôle dans toutes les *surprises de février* et à rétablir surtout la vérité dans l'incident du DRAPEAU ROUGE, qui vous a valu tant de popularité, tant de suffrages, tant de confiance aveugle, tant d'espoirs sitôt démentis. La plume d'un de vos collègues écrit, nous le savons, pour restituer un mérite que vous vous seriez gratuitement laissé attribuer. Elle dira que vous, vous avez accepté sans résistance le drapeau rouge, alors qu'il y avait danger de le refuser, et que c'est M. Arago qui a tenu tête aux membres du gouvernement provisoire qui l'arboraient avec vous, dans votre frayeur commune et votre connivence des *vainqueurs de Février*, le brandissant autour de la table de vos délibérations. La scène tragique où l'énergie de M. Arago l'a emporté sur tant de mauvaises passions et de lâche faiblesse sera racontée avec son glorieux pugilat et ses noms. Il faut que tout soit connu et tout le sera bientôt, afin que la gloire de cette première victoire de l'ordre en revienne à celui qui l'a réellement gagnée. On saura dans quelle circonstance, en quel lieu, par quelle impulsion, devant quelles personnes inoffensives vous avez ensuite prononcé, sans péril, les paroles retentissantes, que la reconnaissance publique surprise a récompensées comme de l'héroïsme et que la vérité va décolorer de courage.

Ainsi, chaque jour apporte sa lumière et bientôt vous serez jugé. Il faut du temps pour réunir les éléments cachés ou dissimulés de la vérité. Mais dès qu'elle est entièrement connue, les arrêts de la justice font inexorablement la part irrévocable des bons et des mauvais. Ceux qui auront rendu de véritables services au pays seront honorés comme de grands citoyens : ceux à qui sont dus les malheurs publics seront MAUDITS ET FLÉTRIS A JAMAIS PAR LA VENGEANCE DE LEUR PATRIE.

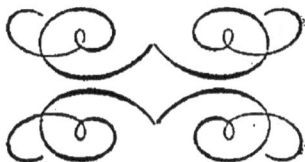

IV

Le Tiers-Parti (*).

Qu'est-ce que le Tiers-Parti?

Autrefois, en langage parlementaire, lorsque la signification des mots n'avait pas été altérée par la surprise de février, le Tiers-Parti était le parti qui se
posait, aveugle et jaloux, entre le parti ministériel et
celui de l'opposition constitutionnelle; qui participait
de l'un et de l'autre; qui n'était jamais complètement
de l'avis du pouvoir; qui ne lui était pas absolument
hostile; qui ne lui donnait pas une boule blanche et
qui ne lui livrait pas un assaut désespéré; qui oscillait
entre la guerre et le partage; qui combattait les actes
de l'autorité et parlait son langage; qui, un jour, en-
levait un ministère sous prétexte qu'il obéissait trop à
l'influence personnelle du Monarque, et qui, quelques
mois après, plus royaliste que le Roi, tombait sur le
rejet d'une dotation princière.

M. Dufaure était de ce Tiers-Parti et de ce ministère.

Aujourd'hui les hommes et les choses ont changé. Il
n'y a plus de luttes simplement politiques ni d'ambitions pacifiquement rivales. Dans l'Assemblée, un parti
c'est l'ordre; l'autre l'anarchie. De l'un à l'autre, pas

(*) INDÉPENDANT DE LA MOSELLE, 10 octobre 1849.

de nuances, pas de rapports, pas de transactions. Entre eux un abîme, une révolution, la ruine de la France, la conflagration de l'Europe. Un Tiers-Parti ne pourrait donc exprimer qu'une capitulation de l'ordre, un amoindrissement de ses droits, une fraction de ses besoins. Mais l'ordre est ou n'est pas; il ne se divise pas. Qui ne sait le vouloir et le soutenir tout entier, n'est pas son partisan et ne saurait en être un utile défenseur. Ce n'est pas un parti que celui qui prétendrait mélanger, dans la plus dangereuse confusion, un peu plus ou un peu moins d'ordre avec un peu plus ou moins de désordre; qui ne voudrait votre propriété qu'un peu; qui ne troublerait la famille qu'un peu; qui ne ramènerait qu'un peu la barbarie et le chaos. Si l'on peut appeler cela un Tiers-Parti, c'est une BÉTISE ou un crime.

Le Tiers-Parti, c'est la négation de la logique, le défaut d'intelligence, le manque de courage, l'absence de toute vue politique et de toute décision.

Le Tiers-Parti ne touche au parti de l'ordre que pour le diviser, semblable à cette mauvaise poudre de mine qu'on insinue dans un rocher pour le faire éclater. Il ne gouverne le pays que par l'indécision des actes comme des doctrines; il ne le représente au dehors que par une politique également irrésolue. Il n'a de principes et de convictions sur rien; les principes cependant donnent seuls la force, et les convictions la dignité, sans lesquelles il n'y a pas de gouvernement possible. C'est ce que ne sait pas voir le Tiers-Parti, que trompe la fausseté de son jugement, qu'égarent les vanités de son esprit et les illusions de son orgueil.

C'est pourquoi M. Dufaure croit encore, en 1849, à un Tiers-Parti qui l'avait fait ministre il y a dix ans. Mais c'est plus qu'un anachronisme, c'est une erreur profonde ; nous espérons que ce n'est que cela.

Non, non, dans la tempête qui nous agite, lorsque les passions de 93 nous menacent ; lorsque la société est si révolutionnairement travaillée par les misérables qui veulent la corrompre pour l'exploiter ; quand l'autorité sans prestige a besoin de toutes ses forces ; quand les honnêtes gens sont encore sous la torpeur de la République de la veille et qu'ils se tournent vers le pouvoir pour qu'il les rassure et les rallie, il faut au gouvernail de l'Etat des ministres habiles, résolus et courageux, qui ne tergiversent pas avec leurs opinions, qui n'hésitent pas dans leur marche, qui ne marchandent pas plus leurs amis que leurs ennemis, qui osent dire à tous, avec une égale énergie : *il n'y a pas de milieu entre l'ordre et le désordre ; malheur à ceux qui n'opteront pas franchement.*

Et les neuf dixièmes de la France soutiendront de tels ministres ; la France les attend.

V

Rapport sur les crédits supplémentaires et extraordinaires de la Marine en 1848 et 1849, par M. Jules de Lasteyrie.

~~~~~~

Il n'y a pas d'homme sérieux qui ne reconnaisse aujourd'hui que, dans aucun Etat, depuis qu'il y a des finances régulièrement organisées, l'emploi des deniers publics n'a été mieux fait et n'a produit de plus magnifiques résultats qu'en France sous la Monarchie de Juillet. Son histoire financière sera l'un de ses plus grands titres aux regrets et à la reconnaissance de ses contemporains, à sa gloire dans la postérité. Ses budgets de dix-huit années se résolvent par un déficit de DOIT problématique de douze millions, par un AVOIR de PLUSIEURS MILLIARDS d'approvisionnements et de travaux publics : ces résultats financiers veulent dire, en langage ordinaire, sagesse, force et prévoyance.

Et cependant ces finances étaient attaquées, calomniées par nos amis mêmes ! Ils parvenaient à grouper ces chiffres de manière à égarer l'opinion publique, tandis qu'ils auraient dû la préserver des attaques audacieuses et criminelles d'une opposition, qui ne reculait devant aucun mensonge, devant aucun faux calcul. Aussi, lors-

(*) INDÉPENDANT DE LA MOSELLE, 7 novembre 1849.

qu'après la surprise de février, ces républicains de la
veille ont eu l'effronterie de prétendre que LA RÉPUBLIQUE
AVAIT SAUVÉ LA FRANCE DE LA BANQUEROUTE, on les a
presque crus sur parole. Il a fallu l'évidence des chiffres,
il a fallu qu'ils fussent additionnés et collationnés par
ces financiers eux-mêmes, pour que la vérité fût admise, et, en cela comme en beaucoup d'autres choses,
le désappointement a été d'autant plus amer qu'il était
inutile.

Ce désappointement est bien plus cruel, lorsqu'on voit
de quelle façon nos finances, alors si prospères et si
productives, sont exploitées, je voudrais dire adminis-
trées, par les grands hommes de la République. Il n'y
a pas un chapitre du budget où nous n'aurions à constater
arithmétiquement les plus affligeants désordres, les abus
les plus incroyables. Nous venons de voir *comment le
National s'amuse sur terre;* M. de Lasteyrie va nous
montrer ses ébats financiers sur mer.

Personne n'a oublié les cris de fureur poussés par
l'Opposition, lorsque *les ministres dilapidateurs de l'in-
fâme Monarchie* prononçaient le mot de crédits supplémentaires. On se rappelle qu'un ministre spirituel eut
la patience d'en supporter la bordée complète, avant
de déclarer qu'il venait demander l'annulation d'un crédit *extraordinaire* reconnu inutile. C'est qu'alors un crédit
était quelque chose comme un vol fait au peuple, dont
ils professaient l'amour si désintéressé; nous avons vu
cet amour à l'œuvre; nous allons l'y voir encore.

Un crédit supplémentaire de *deux millions six cent
quarante-huit mille francs* est demandé pour la marine
en 1848. Cependant le budget de ce département avait

été immensément augmenté sous M. de Mackau : l'Opposition avait accusé, signalé, repoussé ces dépenses comme inutiles, onéreuses, dangereuses, que sais-je ? Elles ne lui suffisent plus en 1848 ! Pourquoi ? M. de Lasteyrie va vous répondre : *mais si pendant l'exercice que nous avons à examiner, les dépenses permanentes avaient été accrues dans un intérêt passager de parti, et si l'on découvrait, sous les rapports entre le Pouvoir exécutif et l'Assemblée représentant la nation, un oubli des principes constitutionnels les plus élémentaires, alors le devoir de votre commission serait d'appeler l'attention de l'Assemblée sur ces faits et de leur infliger un blâme sévère.*

Est-ce assez clair ?

Lisez dans le rapport comment un décret du 3 mai 1848, promulgué *la veille* de la réunion de l'Assemblée constituante, éleva au grade nouveau de capitaine de frégate tous les capitaines de corvette ; comment le 16 juin la commission exécutive, en présence de l'Assemblée constituante, changea, par un simple arrêté, la proportion légale existant dans le grade de lieutenant entre la 1re et la 2e classe, en faisant, passer dans la première, 215 officiers appartenant à la deuxième, comment, enfin, les dépenses résultant de ces mesures ont été soustraites au fameux budget rectifié de 1848, dissimulées dans la discussion même de la proposition Ternaux sur le décret du 3 mai.

Lisez dans ce rapport comment le service des vivres a reçu en 1845 *la somme de onze millions neuf cent quatre-vingt-seize mille francs* pour 30,997 hommes, et demande en 1848, pour 30,026 hommes la somme de *quinze millions sept cent soixante-un mille francs* ; comment l'exercice de 1848 , où les denrées alimentaires ont été toutes à un prix si bas ; n'offre qu'une diminution de 990,873 francs sur l'exercice 1847 , où elles étaient à un prix si élevé. *Certes* , dit le rapporteur , *cette diminution n'est pas suffisante si l'on compare les prix pendant l'année de disette 1847 , avec le prix si réduit du blé et des autres denrées alimentaires en 1848 ; et encore nous n'avons pas fait entrer en ligne de compte , les réductions d'effectif* subies par les équipages à terre *et par les troupes de la marine, pendant les derniers mois de l'année.*

Lisez dans ce rapport, qui en vérité a besoin d'être signé par un représentant du peuple pour échapper à la vigilance de quelque procureur de la République , qu'en 1844 la marine achetait le blé 19 fr. 27 et le commerce 19 fr. 61.

	Marine.	Commerce.
1845	19 fr. 71	20 fr. 25
1846	19 09	21 35
1847	27 55	27 18
1848	21 77	17 56

Ainsi , dit le rapporteur étonné , *les prix d'achat pour le ministère de la marine sont à peu près les mêmes que ceux du commerce jusqu'en* 1848 ; *alors nous trouvons une différence de 4 fr. par hectolitre au préjudice de l'État.* Pour les farines, c'est mieux encore : la diminution de 1848 sur 1847 est de 7 fr. 99 pour la marine et, pour le commerce, nous copions exactement, elle est de 18 fr. 31.

Nous n'avons pas le courage d'aller plus loin. *La*

nature des arguments donnés pour justifier l'accroisse-
ment des dépenses, sur les prévisions du budget, dit M.
de Lasteyrie, *aurait suffi à elle seule pour exciter des*
doutes et inspirer de vives appréhensions. Avez-vous
compris ?

Pour être juste cependant, nous devons constater que
si les frais de voyage évalués 517,900 fr. dans le fameux
budget rectifié, ne se sont élevés qu'à 788,492, c'est-
à-dire à 260,592 fr. de plus que les prévisions des ces
ennemis acharnés des dépenses imprévues, c'est qu'ils
sont atténués en partie par les excédents de l'article 5
intitulé SECOURS A LA CLASSE OUVRIÈRE. *Nous sommes*
surpris, dit avec une cruelle naïveté M. le Rapporteur,
qu'on ait réalisé des économies sur cet article pendant
l'exercice 1848.

Et nous, nous sommes surpris qu'on soit surpris de
quelque chose, même du refus de secours à la *classe*
ouvrière par ses flatteurs de la veille.

Les conclusions financières et politiques de ce curieux
rapport, qu'il faut lire avec soin, sont une réduction
de *sept cent soixante-quinze mille francs,* à peu près
le tiers du crédit extraordinaire proposé, et la demande
d'une enquête parlementaire sur les services de la marine.

Les conclusions morales? La mémoire et la clairvo-
yance de nos lecteurs les tireront sans peine.

VI

L'expérience de la République (*).

Les escamoteurs de Février, ne sachant plus à qui s'en prendre de l'état où ils ont mis la France, crient aujourd'hui plus fort que jamais, que c'est la faute des partis qui ne se sont pas réunis pour faire l'expérience paisible et complète de la République.

Cette raison de la détresse croissante du pays est acceptée, répétée par ceux qui admirent (en est-il encore de sincères?) l'œuvre des Républicains de la veille; par ceux qui la soutiennent, parce qu'ils en ont tiré leur profit personnel et inattendu ; par ceux qui ont peur; par ceux qui ne voient ni n'entendent.

Lorsque l'on a fait l'expérience des bateaux à vapeur, l'on n'a pas demandé à la machine d'être sans dangers, à l'équipage sans passions, au ciel sans nuages, à la mer sans écueils, aux vents sans tempêtes. Les inventeurs, les ingénieurs, les officiers ont fait ensemble leurs calculs et mis en commun leur habileté, leur science et leur courage. Aussi leur expérience a réussi. [Ils ont bravé, surmonté, vaincu tous les périls de la navigation, aussi bien pour les voyages de long cours les plus difficiles que pour les communications les plus voisines.

(*) Indépendant de la Moselle, 15 novembre 1849.

L'expérience, sagement et paisiblement conduite, a été complète, et la civilisation en a accepté le bienfait.

Mais ce ne sont pas les partis seuls que l'on accuse, dans ce vertige des hommes de la veille. C'est l'Europe entière qui, à leur voix et à leur exemple, n'a pas renversé tous les trônes, pour vivre des félicités démocratiques dont ils étaient les dispensateurs. L'Europe est coupable d'obstination monarchique. *Bonne nouvelle, mes amis*, disait M. Louis Blanc aux néophytes du Luxembourg, *une révolution a éclaté en Autriche*. On sait ce qu'est devenue la bonne nouvelle ; l'expérience révolutionnaire, dans ce pays positif, a été de courte durée ; Vienne n'a eu qu'un cauchemar.

Non, non, pour que l'expérience de la République soit complète en France, il faut que ceux qui l'ont appelée, que ceux qui la soutiennent, que ceux qui la rêvent unanimement adorée jusqu'à la révision de la Constitution, se résignent à la voir naviguer au milieu des écueils, avec les vents contraires, manœuvrée par un équipage indiscipliné, montée par des passagers hostiles, poussée par une vapeur toujours prête à l'explosion. C'est la condition de son existence, de sa durée, de sa gloire, si elle doit en acquérir. C'est ainsi seulement qu'elle prouvera le génie de ses inventeurs et l'habileté de ses pilotes; leur succès lui méritera la sanction du pays.

Mais prétendre, avant de l'avoir obtenue, que pour les aider à la rechercher, les intérêts se taisent, que les maux s'oublient, que les partis s'embrassent, que les opinions abdiquent leurs espérances ou leurs souvenirs, mais c'est plus que le rêve du bon abbé de St-Pierre en apparence; en réalité, qui ne sait comment s'appelle cette prétention ?

VII

Vingt mois ou la Révolution et les Révolutionnaires,

PAR M. DE SALVANDY (*).

~~~~~~~~~

Nos lecteurs n'ont pas oublié la préface dont M. de Salvandy a accompagné la réimpression de son ouvrage. Ils savent que ce livre, qui produisit une si grande sensation en 1831 et en 1832, est un livre de circonstance en 1849 ; nous venons leur dire pourquoi.

C'est que M. de Salvandy est l'homme d'Etat des véritables libertés et des nobles sentiments.

C'est qu'avec un esprit aussi capable de les exprimer qu'un cœur fait pour les sentir, on juge toutes les situations, hommes, choses, événements et révolutions, qu'ils nous surprennent ou qu'ils soient attendus, avec la même sagesse et la même sûreté de prévoyance. Le temps est le développement de la vérité. Le génie qui sait distinguer celle-ci, connaît, comme Newton, les lois d'après lesquelles elle brillera de son éclat nouveau, en s'élevant au-dessus des nuages qui l'avaient obscurcie, tandis que le vulgaire la croyait pour jamais éclipsée. Ainsi, le livre des *Vingt mois*, écrit il y a tant d'années, semble l'avoir été en présence des faits qui viennent de s'accomplir et des circonstances qui nous environnent, parce qu'il an-

(*) INDÉPENDANT DE LA MOSELLE, 6, 14 et 18 janvier 1850.

nonçait un bouleversement social comme le résultat nécessaire de nos préjugés, de nos passions et de nos
discordes.

M. de Salvandy aura eu la destinée, nous ne voulons
pas dire la gloire, puisqu'il s'agit des malheurs de
notre pays, d'avoir fait entendre la voix de la raison,
de la sagesse, du sincère patriotisme, toutes les fois
que la raison, la sagesse et le patriotisme auraient pu
sauver la France des malheurs qu'elle souffrait ou des
périls dont elle était menacée.

En 1815, un jeune Garde d'honneur, blessé et décoré
à Brienne, lorsque les aigles attristées fuyaient, de
victoire en victoire, devant l'Europe envahissante et
vaincue, devenu mousquetaire et étudiant en droit, publie un livre de cent pages intitulé : LA COALITION ET
LA FRANCE. La France s'émeut à ce cri de guerre et
d'espérance qui relève son courage, en lui rappelant ses
forces et ses droits, et les Rois coalisés délibèrent s'ils
n'enverront point en Sibérie le publiciste de vingt ans
qui les juge avec tant d'habileté, qui les brave avec
tant d'audace, le soldat qui prêche la révolte contre
leurs prétentions, et qui ose demander hautement *qu'on
réponde à coups de canons aux exigences de l'étranger,
que les Vêpres Siciliennes soient nos traités avec la coalition.*

En 1829, M. de Salvandy se démet des dignités qu'il
n'avait pas sollicitées, et, dans une lettre où son respect
et son dévouement avaient écrit les plus sages avertissements, il dit à Charles X : *Votre Majesté joue la
Monarchie à quitte ou double ; le double n'existe pas. Les
voies où le Roi s'engage n'ont qu'une issue, les Coups d'É-*

tat ; et les Coups d'État auront pour lendemain un 20 *mars, où le peuple jouera le rôle de Bonaparte.* Admis, quelques jours après, en présence de ce malheureux Prince, les journaux du temps ont rendu compte des mémorables paroles qui terminèrent l'entretien. *Je ne reculerai pas d'une semelle*, dit Charles X, qui parlait en héritier de Louis XIV, et non en successeur de Louis XVIII : *Plaise à Dieu*, répondit avec un triste courage M. de Salvandy, *que le Roi ne recule pas d'une frontière*. Et bientôt cette Royauté de mille ans s'en va s'acheminant vers l'exil, malgré la gloire dont la conquête d'Alger lui donnait la consécration nouvelle et dont elle attache les trophées à son convoi, comme jadis les clés de Randon à la dépouille de Duguesclin.

Nous n'avons pas à redire ici, nul ne l'ignore, ce qu'a fait, ce qu'a dit, ce qu'a prévu M. de Salvandy sous la Royauté de Juillet. Il en a été l'un des plus habiles et des plus fermes conseillers, et il l'a jugée à son début comme il la juge après sa chute, *point d'arrêt de dix-huit années* qui a été *l'ouvrage et qui est la gloire du parti constitutionnel.* Deux fois ministre de l'instruction publique, il avait compris et accepté l'immense tâche des libertés de l'enseignement, et le volume des *projets de loi présentés en* 1847 *et* 1848 que nous avons sous les yeux, nous est une preuve de la prudence libérale et éclairée avec laquelle il résolvait ce difficile et redoutable problème. Il est vrai que depuis ces travaux biffés par une révolution, sont venues les coupables prédications des Républicains de la veille et les manœuvres plus coupables encore de ce ministre, véritablement révolutionnaire, insensé, écrivant aux instituteurs primaires les abominables circulaires, si dignes de celles

du citoyen Ledru Rollin. La sagesse des mesures de M.
de Salvandy n'avait point pour but la défense des intérêts les plus précieux de la société, telle que la rendent
aujourd'hui nécessaire et urgente les doctrines désorganisatrices naguère officiellement prêchées ; alors c'était un
progrès, aujourd'hui c'est une halte et un combat.

Enfin, ce n'est pas comme ministre seulement que M.
de Salvandy a sans cesse cherché l'union des partis,
depuis dix-huit années. On n'a pas oublié son refus,
plus énergique encore que désintéressé, de s'associer à
une flétrissure, qui lui parut une faute puisqu'elle était
un sujet de plus de division, et l'ambassade de Turin
fut le prix de son avertissement. Tel il a toujours été.
Toujours attaché à ces grands intérêts qui ne tombent
ou n'abdiquent jamais, l'ordre et la liberté, la patrie,
son indépendance et sa gloire, il a toujours cherché à
constituer en France, par sa plume, par son administration, par son exemple, le grand parti, la grande
armée de l'ordre, comme il l'appelle déjà dans son livre
des vingt mois. En 1832, il s'adressait aux hommes de
bien de tous les partis, à ceux qui étaient résolus à
tenir tête à l'anarchie, quelles que fussent ses promesses,
quelles que fussent ses menaces ; à ceux qu'elle égarait
ou qu'elle effrayait, à tous ceux qui pouvaient agir sur
le sort inconnu de la France. Il leur annonçait les malheurs qui nous frappent, il les touchait du doigt,
comme nous le verrons dans un prochain article, et si
ses conseils avaient été entendus, nous n'aurions pas,
depuis février 1848, à régler de si terribles comptes
avec la colère du ciel.

Nous sommes en 1832 ; vingt mois à peine se sont

écoulés depuis la Révolution de Juillet, faite au cri de
Vive la Charte ! et déjà le parti démagogique a plusieurs
fois pris les armes et mis l'émeute en tournée, pour
prouver que ce n'était là ni sa défaite ni son dernier
mot. Pour lui, l'ère des révolutions venait de se rou-
vrir, et il lui fallut une revanche contre la Royauté,
que ses chefs, comme toujours incorrigibles et plus que
jamais effrayés, avaient laissée sortir de l'Hôtel-de-Ville,
ce capitole du désordre. Les révolutionnaires étaient
donc à la sape de l'anarchie dans les esprits, dans les
mœurs, dans les lois et, quand ils l'osaient, dans les
rues.

C'est ce travail de dissolution sociale que le parti conservateur a passé dix-huit années à ne pas voir ou à
souffrir, que M. de Salvandy prévoit et signale, en 1832 :
il l'annonce avec ses attentats et ses malheurs et son
succès, si la grande armée de l'ordre ne se réunit pas,
si elle ne lutte pas avec autant de persévérance que de
courage infatigable et résolu. Et ce n'est pas des faits
déplorables seuls dont il est témoin, que M. de Salvandy
conclut aux dangers prochains; sa prévoyance est plus
haute : elle prend son origine et sa certitude dans les
principes, hors desquels les sociétés et les empires n'ont
ni bases ni durée. La fatalité a des lois éternelles.

M. de Salvandy recherche d'abord quelles sont les
véritables conditions de la liberté, du pouvoir, de l'ordre. De la liberté, de cette liberté qui n'est pas l'émeute,
qui n'est jamais produite par la démocratie, puisqu'il
n'y a pas d'exemple que la démocratie n'aboutisse pas
au despotisme, tant la tyrannie des masses donne soif
à chacun de la tyrannie d'un seul ! Du pouvoir, ce

besoin des peuples, supérieur à la liberté, par qui seul la société subsiste, qui lui sert à la fois de lien et de rempart, qui lui donne la civilisation, sa première création et son plus grand honneur.

Le pouvoir, chez les anciens, tout le monde le sait et il n'est peut-être pas inutile de le rappeler à tout le monde, reposait sur les fondements les plus solides qu'avaient pu trouver les grands hommes qui, pour s'être occupés à résoudre l'immense problème des sociétés humaines, étaient regardés comme inspirés par les Dieux : ces fondements, le patriciat, le sacerdoce, la division des classes, hiérarchies nécessaires et respectées, et, comme dernier et suprême renfort, la puissance paternelle, principe conservateur, placé au-dessus de toute contestation, partout présent, opposant une digue à chaque flot, tenant en bride cette fougue des jeunes générations avides de nouveautés, et dédaigneuses de l'expérience et de la sagesse. Dans la Grèce, le père disposait du sol ; à Rome, il avait droit de vie et de mort. On pensait que ce n'était pas trop d'une royauté par famille, pour résister aux ébranlements inévitables des États libres. L'Angleterre, le plus libre des Etats modernes, repose exactement sur les mêmes principes. En France, les étudiants trouvent tout simple d'imposer des révolutions et des gouvernements à leurs pères.

Après les conditions de la liberté et du pouvoir, M. de Salvandy discute celles de l'ordre, de l'ordre moral qui remonte à Dieu, de l'ordre matériel qui se résume en un seul mot : la propriété. Plus on considèrera de près les sociétés humaines, et plus on reconnaîtra qu'en elles tout vient aboutir à ces deux termes. De ces principes généraux, si magnifiquement exposés, l'auteur passe à leur première application, à la légitimité, qu'il appelle l'ordre dans la Monarchie. Il en décrit à grands traits la nature, la force, les services au point de vue de l'ordre et de la liberté, et, avant de juger comment elle sera remplacée par la Royauté nouvelle, il examine l'état de la société française depuis 1789. Les faits après les principes ; l'histoire va donner ses enseignements.

Il faut la lire : nous ne pouvons dénaturer, en la tronquant, cette éloquente et rapide appréciation d'événements, de personnages et de doctrines qui ont laissé de si grands ou de si terribles souvenirs, des idées si trompeuses et si fatales. C'est dans le livre même qu'il faut suivre la trace, les actes et les transformations de ce parti révolutionnaire, dont le penchant naturel est le nivellement, dont le génie est la destruction, dont la politique est la force et partant la tyrannie. La tyrannie! il ne peut, il ne sait, les annales de l'univers en font foi, que l'exercer ou la subir.

Lorsque la Révolution se reconnut, sous la longue épreuve des misères publiques, incapable du pouvoir non moins que de la liberté, elle se réfugia sous les lois d'un maître, et le despotisme vint, aux acclamations générales, avec le génie qui le justifie et la gloire qui le rehausse. Napoléon, prenant pour appui les deux supports nécessaires de l'autorité parmi les hommes, l'illustration et la propriété, et les plaçant sous la protection de Dieu, mérite le titre de restaurateur de l'ordre. Il nous tira de notre anarchie sanglante et nous fit aptes à la Monarchie et à la liberté. Voilà son ouvrage et sa gloire.

Si l'Empire avait été l'ordre avec la gloire, la Restauration, dit M. de Salvandy, fut l'ordre avec les institutions libres. Mais l'ordre avec la gloire, l'ordre avec la liberté, l'ordre sous aucun nom, n'est du goût du parti révolutionnaire, de ce parti souple, tremblant et blasonné sous l'Empire, que sa généalogie rattache invariablement à nos temps de crimes et de malheurs, que ses passions excitent à en renouveler les saturnales dès qu'il n'a plus peur et qui se réfugie dans le carbonarisme, dans les sociétés secrètes et dans les conspirations, lorsque la société se raffermit et le contient.

La Révolution de juillet, on ne peut le dissimuler, donna une impulsion et une force nouvelles au parti révolutionnaire. Il n'accepta qu'en frémissant l'illustre non-sens de la Monarchie populaire reposant sur des institutions républicaines, et il en fit le mot d'ordre de ses attaques, le cri de ralliement de ses bandes, le programme de la désorganisation sociale qu'il continuait. Mais déjà il avait tellement épouvanté Paris, la France, M. de Lafayette lui-même, par le règne d'une heure qui lui avait suffi pour exhiber à l'Hôtel-de-Ville ses principes, ses projets et ses hommes, que le *citoyen des deux mondes*, en face de tels amis, jugea avec grande raison, c'est M. de Salvandy qui le dit en 1832, que la Monarchie représentative est décidément la meilleure des républiques.

Dans ce qui suit, nous verrons par quels moyens ce parti travaillait à organiser son triomphe, dont on fixait la date dès 1832 : 1848 s'est fait attendre !

Le parti révolutionnaire de 1832 se nomme en 1850 les Républicains de la veille. Ils sont de la veille en effet, puisqu'ils ont une généalogie dont les quartiers, écrits sur parchemin *de peau humaine* comme *la reliure* de leurs œuvres, sont illustrés du sanglant millésime de 1793. « Que faisait-on de plus il y a quarante ans, » demande M. de Salvandy en 1832? Ce qu'on faisait » de plus, nous le savons bien. Mais s'il n'y a encore » de pareil que le langage, la faute n'en est pas au » parti révolutionnaire. Tout ce qu'il tente, atteste tout » ce qu'il ferait, s'il triomphait dans les circonstances » où nous sommes, ayant les mêmes maximes, les mêmes » procédés, souvent les mêmes chefs que dans sa jeu- » nesse, il fournirait la même carrière; car il n'a rien » oublié ni rien appris. »

Aussi M. de Salvandy, dans des pages magnifiques de sagesse et de prévoyance, montre la nature du parti révolutionnaire, ses principes parmi lesquels il annonce le suffrage universel, ses intérêts, dont le premier est le nivellement, son gouvernement qui est l'émeute, et sa politique la guerre.

Le parti ne veut point de la Royauté de 1830, plus que de la Royauté légitime; il ne veut pas de la Charte populaire plus que de la Charte octroyée. Il ne voudrait pas plus des Bonaparte que des Bourbons, il ne veut ni de l'ordre ni des lois. Que veut-il donc? Il veut le déplacement de la puissance publique. Chez les uns, philantropie, et ceux-là sont les béats de la faction; chez d'autres, préjugés; chez la plupart passion, haine, cupidité; partout la tendance est de porter la puissance publique au sein de ce que les chefs du parti appellent *les forces vives* de la société. Hé bien! là est le vice fondamental du parti, ce qui le rend impie et funeste; car les forces vives sont des forces matérielles, des forces brutales , et c'est par les forces morales que l'humanité doit être régie, ou bien la société ment à son auteur.

Aussi le premier principe que les Républicains de la veille et le plus républicain d'entr'eux, M. de Lamartine, ont mis en pratique, a été le suffrage universel. Mais ils ont été déçus; cet appât de sédition lancé aux masses excitées n'a pas été goûté. La nation a compris qu'on voulait la faire complice ou dupe, et six millions de voix ont répondu à quelques centaines de charlatans qu'ils ne feraient point ce second tour d'escamotage, et qu'en osant espérer l'exploiter à leur profit, ils se trompaient étrangement. M. de Salvandy ne se trompait pas en disant du suffrage universel : « Si Dieu a fait les » sociétés humaines pour que le nombre soit la loi vi-» vante , fiez-vous à lui du soin de faire sortir de la » loi, ainsi entendue, le bien-être et la grandeur de » l'humanité. »

Mais que font au parti révolutionnaire et les principes et les doctrines et les systèmes ! Ces déclamateurs de la démagogie , qui ont sans cesse à la bouche le mensonge effronté de l'amour de l'égalité , n'ont pas envie que les masses s'égalent à eux, ils entendent seulement être supérieurs à autrui , ils ne sont capables que de l'ambition de tout rabaisser au-dessous de soi. Le nivellement n'est que l'attentat de leur jalousie et le but de leur impuissance. Mais une fois les maîtres, ils prouvent qu'il n'est pas de plus âpre despote qu'un démagogue, et les démocrates victorieux épouvantent toujours ou font rire de leur aristocratie terrible ou bouffonne. Nous n'aurions, en 1850, que l'embarras du choix pour en donner les preuves inimaginables.

Enfin, l'émeute, cette continuation du gouvernement de l'hôtel-de-ville, qui se perpétuera sous toutes les formes, tour à tour sédition, club, complot, insurrection armée, selon que la faction aura plus d'audace ou de frayeur ; l'émeute, encouragée par des paroles ou par des silences, a été son moyen d'influencer le pouvoir, en le dénaturant, et d'en préparer la conquête définitive. Il aurait voulu, dans la tactique de son impatience, à l'émeute des rues joindre la guerre des frontières, et ces deux guerres, provoquées avec tant de passion et de témérité, avaient le même but : c'était la France qui devait être subjuguée et asservie. Asservie ! car le dernier mot du parti révolutionnaire, de ses principes, de ses intérêts, de son gouvernement, de sa politique, c'est la tyrannie.

Après l'avoir ainsi pris corps à corps dans son passé sanglant, dans ses manœuvres, dans ses espérances subversives ; après avoir soulevé le linceul de 1793, cette oriflamme sinistre des véritables démocrates ; après avoir annoncé leurs projets et calculé les étapes de leur marche, M. de Salvandy jette un regard attristé sur les erreurs, sur les fautes, sur les défaillances des hommes de l'ordre et du pouvoir. Il en trouve les garanties insuffisantes ; il condamne les lois qui les établissent sans solidité et qui seront impuissantes à les maintenir. Il les accuse de semer l'anarchie, et c'est une moisson qui ne manque jamais, dit-il dans ce livre si admirablement prophétique, mais qui, cette fois encore pour une nation en démence, n'aura été que la voix criant dans le désert.

Ce sera l'éternel honneur du roi Louis-Philippe d'avoir conduit, pendant dix-huit années, le parti con-

servateur, qui fécondait aveuglément tant de germes
d'anarchie, d'une main assez puissante et assez habile
pour que la France lui doive les jours les plus prospères de ses annales. Ce sera l'éternel remords de ce
parti, digne des éternels reproches de l'histoire, d'avoir
laissé tomber la couronne du front de ce prince, qui ne
l'avait pas reçue de la Révolution, mais qui avait con-
senti à lui donner un roi.

Et nous demandons à Dieu que la France, relevée
des hontes et des ruines de février et réconciliée par
le malheur, tire des révolutions qui l'agitent depuis si
longtemps, et se rappelle éternellement la grande et
terrible leçon, que les droits, l'habileté, la sagesse,
la force, la gloire, les principes sont impuissants contre
la discorde.

VIII

Encore M. de Lamartine (*)

───────

Nous ne faisons pas à M. de Lamartine l'honneur de lire son journal ; ses repentirs révolutionnaires nous touchent peu. Ses regrets d'une gloire et d'une popularité perdues irrévocablement, sont le châtiment de sa conscience, et nous l'abandonnons au supplice intérieur qu'il cherche vainement à éviter ou à adoucir par le fracas de ses remords écrits.

Le hasard a fait tomber entre nos mains le dernier numéro de ce journal à 6 francs par an ; nous avons voulu, en le parcourant non sans répugnance, mesurer le chemin qu'a fait, en avant ou en arrière, l'homme illuminé du 24 février, et nous n'avons pas perdu notre temps. Nous n'aurions jamais imaginé qu'il en fût réduit à ces vulgaires expédients, à ce charlatanisme des mauvaises drogues, à ces réclames en grosses lettres, à ces annonces où l'éloge coûte tant par ligne, à ces amorces de ses œuvres à tel point discréditées ! Ce n'est pas ainsi que s'annoncent au public les ouvrages de M. Thiers ou de M. Guizot, les vaincus des vainqueurs de la veille ; mais hélas ! M. de Lamartine....

Nous savions sans doute à quels excès avait poussé le poète l'orgueil froissé de l'homme d'Etat, dont la Monarchïe n'avait voulu faire ni un ambassadeur, ni un président de chambre, ni un ministre. Mais nous ignorions ce que l'ostracisme républicain avait fait du grand citoyen qui ne se crut rien moins qu'inspiré du ciel pour changer soudainement la face du monde et régénérer la société, que ne soutenaient pas suffisamment, à ses yeux, les principes de la religion, de la famille et de la propriété, et nous voulions savoir par nous-même par quelle transformation nouvelle il se préparait à s'abriter contre la République, sous la liberté mendiée du Grand Turc.

Nous avouons que ces pages nous ont coûté à lire ; nous avouons, malgré nos sentiments pour cet homme déchu, qui a été plus démolisseur que les démolisseurs du plus bas étage, nous avouons que ce nom, jadis entouré d'une brillante auréole de poésie et de nobles sentiments, aujourd'hui devenu l'enseigne commerciale d'un journal moindre en mérite révolutionnaire que celui de M. Proudhon, nous humilie malgré nous et nous afflige involontairement. Il nous semble entendre, au bruit infernal d'instruments sataniques, la voix des malédictions hurlant ces paroles vengeresses : *Entrez, Messieurs, rue de Richelieu, prenez votre abonnement au journal du citoyen Lamartine..... Vous verrez.....* Quelle chute depuis le temps où il n'était que poète !

Et quelles chutes depuis qu'il s'est cru homme d'État ! quelle chute depuis qu'il défendit, avec l'ardeur et la sagesse du pouvoir, le ministère du 15 avril, et quelle distance aujourd'hui entre lui et M. le comte Molé, qui n'a pas changé, lui ! Quelle chute encore depuis le 24 février, où sous l'erreur sacrilége d'une révélation, qui n'était que la rancune assouvie de son implacable orgueil, il se fit plus républicain que les républicains de la veille, sauf à nous dire plus tard : *la République n'est en nous ni à l'état de manie, ni à l'état de crime, ni à l'état d'insurrection contre la volonté de notre Pays...* (page 3) et pourtant qu'a-t-il fait en forçant les plus farouches républicains à accepter la République, dont leur impatience ne comprenait pas encore la venue opportune ? Ce qu'il a fait, il ne s'en loue plus avec la même foi en lui-même : *Sans doute, dit-il, cette Constitution est imparfaite, pleine de lacunes et de défauts visibles à l'œil d'un enfant....* (page 11). Après cet aveu qui échappe à son visible découragement, il se relève comme d'une faiblesse et promet à son œuvre les corrections de l'expérience et les améliorations du temps. Mais ce vain bruit de paroles sonores ne parvient pas à étouffer les peurs de sa conscience ; il est comme le poltron qui chante en traversant la forêt qui l'effraie, et lorsqu'il ne chante plus, il fait un retour sur lui-même et laisse échapper cette répétition de remords : *quant à moi, je vous le dis, encore, je ne suis pas fanatique de républicanisme....* (page 23). Et comme si ce n'était pas assez de ces éclairs si douloureusement correctifs des éclairs du 24 février, il finit son numéro de journal par ce retour découragé sur lui-même : *Sans doute, il est pénible pour un homme public d'être à la fois répudié des deux camps, de se sentir dans l'isolement et de parler conscience dans le désert....* (page 26). Oui, c'est pénible, c'est même souvent mortel. C'est le châtiment en ce monde de ceux qui ne croient qu'en leur orgueil.

Et savez-vous quel est l'orgueil, nous devrions dire l'abaissement de M. de Lamartine ? Son journal, ce journal qu'il annonce et qu'il signe de son nom ; ce journal qui est son œuvre et qui ne devrait pas être sa trompette ; ce journal, au sujet des débats parlementaires, contient cette phrase que nous copions avec une fidélité vraiment décontenancée : *toutes les intelligences d'élite sont nécessairement destinées à se rencontrer dans la région supérieure de la vérité. Jefferson comme Victor Hugo, Washington comme Lamartine.*

QUEL DÉLIRE ! QUELLE CHUTE !!!

IX

Du Journal démagogique européen fabriqué à Londres (*).

On annonce la prochaine apparition d'un journal rouge-rouge, publié par les citoyens Mazzini, Ledru-Rollin et Kossuth, et envoyé, de Londres, aux démocrates de l'Europe et du Monde. Semblables à ce tyran de l'antiquité qui se fit pirate, ces grands pontifes de la démagogie se font contrebandiers des principes socialistes, qu'ils n'ont pu faire triompher lorsqu'ils avaient la puissance et leur ouvraient toutes les frontières.

C'est leur métier. Leur force et leur courage étaient dans leurs discours. Ne pouvant plus parler, ils écrivent. Ainsi ils continuent à prêcher et à faire le mal, sans exposer leurs personnes à aucun danger, même à celui de traverser une vître brisée pour s'esquiver par la fenètre.

Mais nous avons quelque peine à comprendre que l'Angleterre, en donnant asile aux perturbateurs de l'ordre, leur fournisse les moyens de l'attaquer avec impunité. L'hospitalité ne doit avoir ni ce droit ni ce vertige. Elle ne peut laisser préparer chez elle des instruments de destruction pour *l*es nations voisines, et, quoique le mur mitoyen qui l'en sépare soit l'Océan, elle ne serait peut-être pas toujours à l'abri des explosions révolution-

(*) Indépendant de la moselle, 21 février 1850.

naires, allumées imprudemment ou perfidement chez elle.

Sans doute, il est digne d'une grande nation d'offrir un refuge aux hommes que le malheur, l'injustice, l'esprit de parti, leurs erreurs même ou leurs fautes réduisent à l'exil. La France pousse l'accomplissement de ce devoir d'humanité jusques à l'aveuglement, puisque, dans les discordes civiles, elle n'a que trop souvent compté parmi ses ennemis ceux qu'aurait au moins dû désarmer sa générosité. Mais ce qu'elle souffre contre elle-même, elle ne saurait le permettre ouvertement contre les peuples amis. Elle ne l'a fait que dans ses mauvais jours, alors que cette noble et généreuse France s'appelle LA TERREUR ou le GOUVERNEMENT PROVISOIRE et qu'elle organise *la légion tyrannicide* ou l'affaire de *Risquons-Tout*. Rendue à l'ordre, elle pleure ces hontes, et ne permet aux réfugiés que l'abus de son inépuisable générosité. Elle ne tolèrerait pas les complots, et c'est un véritable complot que l'entreprise formée par Mazzini, Ledru-Rollin et Kossuth, expédiant publiquement de Londres leurs principes, leurs encouragements et leurs espérances. C'est un complot auquel s'associe l'Angleterre, si elle le permet, et l'*Alien-Bill* n'est pas une excuse. Le salut de la société est la loi des lois. En 1654, après la bataille où les Etats-Unis perdirent leur flotte et Tromp, Cromwel voulut que la première condition de la ligue offensive et défensive conclue entre les deux républiques, fût qu'elles banniraient les ennemis l'une de l'autre.

Si l'Europe ne demande pas aujourd'hui au royaume de la Grande Bretagne le bannissement des ennemis criminels de tout pouvoir régulier, n'a-t-elle pas le droit d'exiger leur silence ?

X

Le 24 Février 1848-1850 (*).

Il y aura demain deux années que les grands citoyens
Ledru-Rollin, Lamartine, Caussidière, Flocon et quelques autres semblables, ont tendu à la Monarchie un
guet-apens, qui est devenu une révolution.

Qu'était la France avant le 24 février 1848? Qu'est-
elle aujourd'hui? Que sera-t-elle demain?

Ce qu'était la France avant le 24 février? Elle était
grande, elle était forte, elle était riche, elle était prospère et libre. Voilà dix-huit ans d'histoire monarchique.

Qu'est-elle aujourd'hui? Elle n'est plus ni grande, ni
forte, ni riche, ni prospère, ni libre. Deux années et
quelques républicains de la veille ont suffi pour l'affaiblir, pour l'appauvrir, pour répandre partout des regrets,
des hontes et des désastres.

Que sera-t-elle demain? Nul ne peut le prévoir et le
dire, et, parmi les maux que souffre la France, cette in-
certitude de l'avenir est le plus grand. Elle représente sa
faiblesse ou sa décadence, peut-être l'une et l'autre. La
confiance est la plus indispensable force des nations.

Avant le 24 février, la France en jouissait avec une
sécurité si complète, qu'elle croyait n'avoir besoin ni

(*) INDÉPENDANT DE LA MOSELLE, 23 février 1850.

de vigilance, ni de courage. Agitée à la surface par des rivalités parlementaires qui, en définitive, ne se combattaient que pour des questions et des ambitions personnelles, elle ne pouvait prendre de précautions contre cette conspiration souterraine des poudres auxquelles le citoyen Lamartine a mis le feu. Ce n'aurait dû être qu'une affaire de gendarmerie ; l'explosion a failli incendier l'Europe entière.

C'est que la stupeur a été universelle et profonde, au point que personne n'a songé à défendre soi-même et l'État. Ce coup inattendu a frappé tout le monde de paralysie et de cécité. Il suffisait d'une compagnie d'infanterie pour empêcher la révolution, disait naguère M. Odilon Barrot. Cela est vrai ; mais il ne s'est pas trouvé un officier qui ait spontanément mis sa troupe en travers de la rue conduisant à l'Hôtel-de-Ville, et qui ait deviné qu'en face de cette barricade vivante de l'ordre, les vainqueurs de la veille se seraient enfuis, comme ils l'ont si honteusement fait au Conservatoire des arts et métiers, ce théâtre glorieux de leur valeur républicaine.

Plus la France surprise a été consternée, plus l'audace des vainqueurs du hasard et du mensonge a été enhardie et révolutionnaire. Le premier jour, ils annoncent que la nation sera appelée à choisir la forme de son gouvernement ; le lendemain, ils décrètent la République. Le gouvernement provisoire, formé de quelques républicains improvisés, comme les citoyens Lamartine et Crémieux, s'adjoint des républicains de la veille comme les citoyens Louis Blanc et Flocon et Marrast et Albert. Et, sous le marteau révolutionnaire avec lequel ils frappent les hommes, les lois et les institutions de la Monarchie, comme leur devancier Couthon frappait les maisons de

Lyon, condamnées à être démolies, les prospérités de la France s'écroulent et, hier, heureuse et florissante, elle est, en quelques jours, couverte de deuil et de ruines.

Nous ne nous sentons pas capable de rappeler ces actes, dont la honte sera la plus grande difficulté de l'histoire. Qui pourra écrire les faits de ces hommes qui faisaient place nette ou appel aux insurrections, qui sapaient tous les principes, qui désorganisaient tous les pouvoirs, qui prêchaient les criminelles théories du Luxembourg ou se vautraient dans les ripailles de la préfecture de police, enfin dévoilées en attendant de plus dégoûtantes révélations? Qui pourra mesurer le mal fait au pays? Combien faudrait-il de milliards pour l'évaluer en argent?

Et qui évaluera ce que la France, ainsi bouleversée à l'intérieur, a perdu en puissance, en considération, en influence à l'extérieur? Quel est le gouvernement étranger qui respecte ou craigne en nous autre chose que le pouvoir révolutionnaire de la force ou de l'exemple? Avec quelle dérision l'offre de notre médiation entre la Grèce et l'Angleterre, n'a-t-elle pas été traitée à Londres en plein parlement? A quel rang sommes-nous descendus dans les conseils de l'Europe et de quel poids pesons-nous honorablement dans la balance de ses destinées?

Ainsi, la ruine, le discrédit, la faiblesse, le désordre, l'inquiétude au-dedans; au dehors, la déconsidération, la méfiance, la vengeance peut-être; telle est la situation que nous ont faite, en quelques mois, les charlatans de l'anarchie. En quelques mois ils ont compromis, pour un demi-siècle, l'honneur, la puissance et la fortune de la France, et son histoire, ils l'ont souillée pour toujours.

XI

Ephémérides du Gouvernement provisoire (*).

Lorsque Napoléon, la veille de quelque grande bataille, voulait exciter l'ardeur de ses soldats, il leur rappelait les anniversaires de victoires, et Lodi, Arcole, les Pyramides, Aboukir, Marengo étaient les glorieuses éphémérides d'Austerlitz, d'Iéna, de Friedland, de Wagram, de la Moskowa. Le génie et le courage se fortifiaient dans ces héroïques souvenirs.

Rappelons d'autres souvenirs pour d'autres anniversaires, puisqu'aujourd'hui la France est destinée à livrer de plus terribles combats, et condamnée à toujours vaincre l'anarchie toujours renaissante. Ce n'est plus de gloire ou de conquêtes qu'il s'agit, c'est de son salut. Ses implacables ennemis ne se contentent pas de vouloir la soumettre, ils sont résolus à la détruire. Et cette lutte suprême n'est pas nouvelle ; ces ennemis ne sont pas inconnus. Nous avons des anniversaires, des éphémérides, des dates, des noms : LA TERREUR en 1793, LE GOUVERNEMENT PROVISOIRE en 1848, LE SOCIALISME en 1850. Soldats de l'ordre, hommes honnêtes, ouvriers laborieux, soyez aussi vigilants quand on essaie de vous surprendre que vous êtes intrépides lorsqu'on ose vous attaquer, et la société raffermie ne craindra plus de révolution.

(*) INDÉPENDANT DE LA MOSELLE, 25 février 1850.

Nous sommes aux anniversaires des fatales époques de Février 1848. Ne l'oublions pas ; rappelons-les à ces esprits à qui un jour de soleil fait oublier de longs orages ; nous ne sommes pas revenus au beau fixe. La société est placée entre la nécessité de vaincre ou la chute dans l'abîme. Oublierait-elle les mesures de ce GOUVERNEMENT PROVISOIRE, dont chaque acte, aujourd'hui jugé froidement, était une folie ou un méfait ? Aujourd'hui 24 février, demain 25, après-demain, tous les jours de sa tyrannie, dites-vous qu'il y a deux ans, à pareil jour, à pareille heure, quelque prospérité de la France s'écroulait sous la signature de ces hommes du désordre et de la ruine. L'honneur, la gloire, la fortune, les principes, les mœurs, l'avenir, tout était englouti pêle-mêle dans le chaos de l'Hôtel-de-Ville, dans les saturnales du Luxembourg, dans les dégoûtantes orgies de la préfecture de police. En y songeant, on croit sortir du plus abominable cauchemar, et le mal qu'on a souffert, si grand qu'il soit, n'est pas comparable à la honte de l'avoir supporté : l'un se répare, l'autre ne s'efface pas.

Il faut lire, dans le Bulletin des Lois, ce qu'ils ont eu l'audace de faire, de dire, de décréter, en face de la France surprise et consternée. Ce GOUVERNEMENT PROVISOIRE, dont nous savons la nomination dans les bureaux du *National* et de *la Réforme*, se dit *sorti d'acclamation et d'urgence par la voix du peuple et des députés et investi du soin d'assurer et d'organiser la victoire nationale.* Il loue, il exalte la garde nationale, il la félicite de son *attitude dans ces dernières et grandes journées, attitude telle qu'on devait l'attendre d'hommes exercés depuis longtemps aux luttes de là liberté.* Quelles acclamations, quelle urgence, quelle victoire ! Est-il un

garde national qui ne se dise, avec un violent repentir :
SI NOUS L'AVIONS SU.......

Et si vous pouvez continuer la lecture du Bulletin des
lois, vous verrez comment on flattait aujourd'hui l'armée,
comment on l'expulsait demain de Paris, comment on
formait ces vingt-quatre bataillons de garde-mobile, payés
plus que les plus vieux sous-officiers; comment on promettait aux ouvriers le million échu de la liste civile,
comment on proclamait le droit au travail et l'on créait
les ateliers nationaux. Vous vous rappellerez aussi comment *on donnait au peuple le bénéfice des conquêtes qu'il
avait faites dans ces deux immortelles journées.* Oui, ce
bénéfice, il n'a pas attendu longtemps pour en mesurer la
réalité, pour en maudire le mensonge et en punir les
faussaires.

Et ce délire d'anarchie, ce socialisme dans le pouvoir,
ce vertige dans notre faiblesse a duré plusieurs mois !
Deux jours, hier et aujourd'hui seulement, nous ont
paru aussi longs à lire que douloureux à raconter : arrè-
tons-nous. Mais puisqu'on nous menace de nouvelles
insurrections de ces dignes citoyens que M. Chenu nous
a si bien fait connaître ; puisqu'on nous promet prochainement des émeutes et des surprises, soyons prêts et
résolus : les hommes d'ordre n'ont qu'à le vouloir, et
l'année 1850 n'inscrira point des 16 avril, des 15 mai,
des 25 et des 13 juin dans le martyrologe de la France.

XII

Lettre de Berlin (*).

━◦◦◦◦◦━

Berlin, le 22 février 1848.

Vous me demandez, monsieur, de vous donner des éclaircissements sur les affaires de l'Allemagne, qui, malgré nos fréquents rapports, nos journaux et notre voisinage, vous semblent fort embrouillées pour nous et fort difficiles à démêler pour vous. Je vous réponds avec empressement. Je vous dirai ce que je sais et ce que j'apprends. Ici les grands événements qui se préparent, ne marchent pas vite, et l'observateur a le temps de les comprendre et de les juger.

Ne croyez pas, monsieur, ce que vous disent vos gazettes de l'état des esprits et de l'hostilité des gouvernements et des peuples en Allemagne. S'il y a quelque chose de vrai, c'est peu de chose; le mal va s'amoindrissant chaque jour. Nous profitons de l'expérience, alors même qu'elle est faite chez les autres. Sans doute les événements qui suivirent votre révolution improvisée de février, ont laissé des traces, surtout à Berlin et dans quelques grandes villes, où le peuple qui fait de la politique entre deux pots de bière, au lieu de tra-

(*) Indépendant de la Moselle, 27 février 1850.

vailler, accueille toute idée qui n'est pas de l'ordre
dans la famille et dans la société ! Mais ces sillons de
l'anarchie s'effacent visiblement et le temps n'est pas loin
où ils ne seront plus que le souvenir d'un moment d'erreur et de malentendus.

Car, monsieur, ne vous y trompez pas, en France, et
vous me paraissez le faire beaucoup. Les liens qui ratta-
chent les peuples à leurs antiques dynasties sont très-
puissants en Germanie et les derniers évènements l'ont
bien prouvé; l'avenir va le prouver mieux encore. L'essai
de gouvernement représentatif tenté par le Roi de Prusse
en est la meilleure démonstration. Personne ne croit au
succès, mais on s'incline devant cette fantaisie honnête
d'un monarque, qui s'abuse sincèrement. Elle ne produira qu'un grand mécompte, dont il s'infligera seul la
peine ; mais pour le pays, ce n'est qu'un spectacle, et
ce sera un enseignement de grande portée. Notre Roi est
peut-être le seul prussien qui soit attaché à la Constitution
et surtout le seul qui croie à sa sérieuse mise en œuvre
et à sa durée.

Il est le seul aussi qui fonde quelqu'espérance sur l'assemblée bigarrée d'Erfurt. Rien n'en sortira de fondamental, rien de bon ne peut en sortir. Ce n'est pas avec les
discours d'hommes improvisés par l'élection que les affaires
se traiteront désormais. Au conseil comme au camp, il faut
l'expérience et l'habileté éprouvée. Aussi les cabinets deviennent de plus en plus forts, et les hommes habiles qui
les forment et les dirigent, s'entendent dans une pensée
commune. Tel est aujourd'hui le refuge et l'espoir de la
société et non dans toute cette mécanique parlementaire où
le plus beau discours ne vaut pas le plus laconique billet

d'un homme d'Etat. Aussi, dans tous les pays allemands, *les Chambres* s'en vont, et si vous nous appliquez votre locution française de *revenir aux ténèbres du moyen-âge*, nous vous répondrons, sans nous plaindre, que c'est le flambeau de votre liberté qui nous fait aimer cette nuit.

Ainsi, l'Allemagne tend de plus en plus au repos, c'est-à-dire au travail, au commerce, au bien-être, à l'union ; là, en effet, est le véritable repos des nations. La nôtre est fatiguée des agitations qui ont un moment compromis le sien, et elle en serait repentante, si elle en était coupable. Mais, vous le savez, les agitateurs ne sont pas le peuple, et nous, nous savons aujourd'hui qui étaient et d'où venaient ceux qui ont opéré sur une émeute pour en faire une révolution. Ils ne recommenceront plus, ou la peine qui les atteindra ne sera pas boiteuse. Nous avons plusieurs généraux Changarnier, et l'armée est pleine d'enthousiasme pour la famille royale et surtout pour le prince de Prusse. M. de Strotha, notre ministre de la guerre, qui commandait naguère à Sarrelouis, sait par quelle frontière s'introduisent les mauvaises doctrines et les hommes du désordre, et il est toujours prêt à dire, comme votre brave général d'Hautpoul : *Messieurs, vous pouvez commencer quand vous voudrez.* Et nous applaudirons au lieu de le rappeler à l'ordre.

Mais, Monsieur, les complications de l'avenir ne proviennent pas de nos affaires intérieures, de l'état révolutionnaire de nos esprits, de la discorde entre nos gouvernements, de la rivalité prétendue de la Prusse et de l'Autriche. Ce n'est pas sur nous que les hommes graves ont des inquiétudes. Loin de là, le Nord de l'Europe est leur espérance. Et ici, je ne peux laisser courir ma plume sans réserve, de peur de blesser votre légitime susceptibilité nationale. Mais permettez-moi de vous dire que l'Allemagne tranquille, unie, puissante, n'a qu'une voix contre l'anarchie, et que cette voix commandera assez de confédérés de l'ordre pour qu'il soit partout rétabli. Ils forment aujourd'hui une nouvelle *Tugendbund,* qui, plus puissante que celle de 1813, ne veut pas seulement la délivrance de l'Allemagne, mais celle de l'Europe entière, des hommes et des principes démagogiques. Elle armerait, s'il le fallait, elle arme peut-être. Non pas que j'appelle armement, la démonstration des trois grandes puissances qui ont signifié à la Suisse d'être sage, comme un maître d'étude perdant patience, impose enfin silence à un gamin révolté. Non. Cette expédition prochaine ne sera ni une difficulté ni un résultat. La *Tugendbund* européenne, la grande armée de l'ordre, dont la Prusse forme l'aîle droite, l'Autriche l'aîle gauche, la Russie le centre et la réserve, s'organise pour être prête le jour où l'anarchie redresserait sa tête maudite, et ce jour, sur quel malheureux pays la colère de Dieu permettra-t-elle qu'il se lève?

Veuillez agréer, etc.   C.

XIII

Funeste Journée du 24 Février 1848 (*).

~~~~~~~~

M. Thiers a soulevé les fureurs de la Montagne et
réveillé les ardeurs républicaines du citoyen Lamartine
en appelant FUNESTE la journée du 24 février 1848.
Les Montagnards se sont précipités au pied de la tribune pour interpeller vivement M. Thiers, dit le *Moniteur*, et l'un d'eux *a pris bonne note* de ses paroles.
On sait ce que voulait dire *cette bonne note*, si l'occasion
et le pouvoir de s'en servir venaient un jour aux amis
reniés et dévoilés de M. Chenu. Vous voyez bien que
la bonne note est l'encre rouge qui, en 1792, marquait
LES SUSPECTS pour 1793 : nous en sommes déjà là.

Après les interruptions et les trépignements *des amis*
de la Montagne, il fallait un discours du citoyen Lamartine, c'est ainsi que cela se pratiquait à l'Hôtel-de-
Ville en 1848, et l'anniversaire devait être correct.
Mais l'auditoire n'était plus le même et les temps sont
changés. Ce n'était plus l'orateur qu'animaient jadis les
applaudissements des hommes éminents et sages ; ce
n'était plus même le tribun, abandonné à l'éloquence
enfantée par son délire républicain, et dédaigné aujourd'hui par des *voix de la gauche* qui lui crient :
Ne laissons pas parler M. de Lamartine ; car un dis-

(*) INDÉPENDANT DE LA MOSELLE, 1er mars 1850.

cours lyrique n'est pas ce qu'il faut en ce moment. (MONITEUR.) C'était, nous écrit-on, le révolutionnaire désabusé, réduit à prendre la parole malgré lui, crispant ses mains et frappant son front pour faire sortir de sa bouche les mots retentissants de son rôle désappris, et, plus que jamais, décontenancé par ces furieuses acclamations de la gauche, *de frères et amis* tels que les citoyens Charras, Joly, Lagrange, tandis que les premiers de l'assemblée et du pays, ceux dont la voix donne tant de prix à un *bravo*, tant de gravité à une interruption, ceux dont l'approbation seule honore, lui lançaient de foudroyants démentis· et des mépris mortels. MM. de Ségur d'Aguesseau, Piscatory, de Morny, de Montalembert l'ont accablé par ces terribles apostrophes : C'EST VOUS QUI DEVRIEZ VOUS TAIRE. — ON N'IMPOSE PAS SILENCE A LA FRANCE. — LES RHÉTEURS FONT DES PHRASES. — VOUS AVEZ TRAHI TOUTES LES CAUSES. Et le panégyriste interrompu par de si terribles désapprobations ; accablé sous des traits qui causent tant de remords ; soutenu, dans la torture de sa conscience, par des suffrages qui sont sa plus grande torture, perdait le geste, la voix, l'esprit et balbutiait le mot *glorieux lendemain* comme pour se soustraire au supplice du souvenir de LA VEILLE, si honteuse pour lui. L'anniversaire aura été cruel à cet homme déchu, et nous sommes certain qu'il n'acceptera pas le rendez-vous que M. Piscatory lui a jeté par ces paroles de défi : JE VOUS ATTENDS A CETTE TRIBUNE A PAREIL JOUR. Encore un an de l'enfer de ses remords!!!

XIV

Des Orateurs honorables (*).

Lorsqu'en 1831 ou 1832 M. Mauguin, à la Chambre
des Députés, poursuivait Casimir Perrier de ses colères
d'avocat et de ses prétentions diplomatiques, il arriva
qu'un jour, le ministre blessé ne désigna son adversaire
que par son nom et refusa, avec le plus invincible dédain, de dire *l'honorable* M. Mauguin. Grande fut la fureur de l'Opposition ; mais le courageux ministre ne céda
point, et cet incident de sa lutte et de sa victoire, au nom
de LA CHARTE ET LA PAIX, contre le parti du désordre
et de la guerre, ne fut pas le moins mémorable.

Nous nous le sommes souvent rappelé, depuis que
nous lisons les débats de nos assemblées républicaines,
et nous nous affligeons que ce souvenir ne soit que pour
nous seul peut-être, une leçon. Alors un ministre préoc-
cupé de la tranquillité de l'Europe dont il est, en France,
le dernier soutien, fait assez d'attention aux formes de
son langage pour refuser obstinément, violemment, in-
jurieusement presque, la politesse d'un adjectif banal
à un député, qui a pu le blesser par quelqu'expression
inconvenante échappée à son improvisation, mais qui
n'en est pas moins connu par la douceur inoffensive

(*) INDÉPENDANT DE LA MOSELLE, 5 mars 1850.

de son caractère et par l'aménité de ses manières. Le
fier président du Conseil ne veut pas appeler *honorable*
l'orateur qui le harcèle aussi injustement, et il ne rend
à son ennemi que des réponses d'ennemi. Les compli-
ments qu'il ne pense pas, il ne veut pas les faire. Il a
raison. La netteté des paroles établit la netteté des situations, et chacun est à sa place.

Que penserait aujourd'hui Casimir Perrier en en-
tendant cette épithète accordée sans distinction et sans
réserve, et à quels orateurs ! Que dirait-il de la faiblesse
qui repousse, avec cette forme élégante de discussion,
des vociférations, des outrages, des propos d'estaminet
ou l'argot des clubs ? Quelle opinion aurait-il des grands
talents et des chefs de la majorité se ravalant au point
de laisser croire qu'ils *honorent* certains préopinants ?
Quoi ! M. Molé, M. Berryer, M. Thiers, M. de Broglie,
M. Daru, M. de Montalembert, qui échangent entr'eux
des témoignages sincères de haute estime, sont condamnés, de par la surprise de Février, à les étendre
à des gens dont nous n'osons pas dire les noms après
ces noms illustres ! Il n'est pas assez monstrueux qu'ils
soient collègues, il faut qu'ils soient égaux en considération et en déférence ! Si le fameux commissaire du
Hâvre, condamné pour assassinat, avait su se faire élire
représentant comme ses frères et amis, il eût donc été
l'*honorable* collègue des hommes les plus honorables et
les plus honorés de la France ! Il ne faut donc plus une
vie entière de travaux, de services, d'honneur, de sagesse pour mériter et obtenir les respects, il suffirait
de l'intrigue des partis ou des caprices du suffrage universel ! Non, la conscience publique ne prend pas au
sérieux, quand elle est libre, ces illustrations de hasard

ou d'aventure, et elle blâme avec raison toute locution qui semble leur rendre ce qu'elles ne méritent pas. La langue doit avoir sa pudeur, surtout à la tribune. L'éloge adressé à certaines personnes produit un plus mauvais effet que les injures vomies par d'autres, parce que ceux à qui nous reprochons la faiblesse de laisser l'éloge échapper à leur bienveillance, sont les orateurs éminents, dont chaque parole est écoutée et acceptée avec confiance. Ainsi, ils trompent les bons et réhabilitent les mauvais. Il faut se préserver de ces deux fautes et tenir à chacun le langage qui lui convient : c'est la véritable égalité, c'est la seule politesse, c'est la dignité de soi-même. Lorsque les Français, à Fontenoy, saluèrent les Anglais en les invitant à tirer les premiers, ils s'honorèrent par une courtoisie qui ne fut héroïque que parce qu'ils s'adressaient à des combattants dignes d'eux.

XV

Lettre de Berlin (*).

(DEUXIÈME.)

—⟨⟩—

Berlin, le 28 février 1850.

Quelques affaires privées vont me forcer, je le crains, monsieur, de faire un voyage de quelques semaines dans le nord de l'Allemagne, et peut-être jusqu'en Russie, et je veux vous en prévenir pour que vous connaissiez la véritable et simple cause du retard de la correspondance que vous m'avez fait l'honneur de me demander. Je vous promets de la reprendre dès que je serai de retour, et si, dans mon excursion, je rencontre quelqu'évènement ou quelque nouvelle qui puisse vous intéresser, vous pouvez compter que je prendrai le temps de vous l'écrire.

Vous voyez déjà, monsieur, avec quelle régularité s'accomplissent les événements dont je vous ai montré la succession inévitable; ils marchent avec la précision des oscillations d'un pendule. Ne perdez pas de vue que je vous ai dit que les Rois et les peuples allemands s'entendent et s'unissent de plus en plus. L'expérience leur prouve chaque jour qu'ils ont couru les mêmes dangers, qu'ils ont à sauvegarder les mêmes intérêts et que le pouvoir respecté du prince est la première liberté du sujet ; pardon, monsieur, je devrai dire du *citoyen*. Aussi l'appel de la *Landwehr* et l'augmentation de l'armée sont très populaires, et vous savez que le vote des dix-huit millions de thalers, demandés par le ministre de la guerre, a eu lieu à l'UNANIMITÉ.

Cette grande mesure militaire, dont le Roi et les ministres ne cachent pas le but *extérieur*, est le commencement de l'organisation de la Grande Armée de l'ordre, qui se lève en Europe. Le Wurtemberg et la Bavière mettent ostensiblement sur pied leurs contingens, et Bade confond son armée avec l'armée prussienne. Les autres états ne tarderont pas à faire les mêmes démonstrations : le concours de tous est assuré. Le *Zollverein* devient militaire, et cette grande conception commerciale des hommes d'état de Berlin justifie aujourd'hui leur prévoyance et leur habileté. L'Allemagne, unie seulement par ses douanes, a vu croître ses revenus et prospérer ses peuples ; plus unie encore sous le même drapeau, elle verra croître sa puissance, et le bonheur public ne sera plus troublé. Les chimères d'une unité absolue, aussi impossible qu'inutile, disparaîtront devant les heureux résultats de la fédération des intérêts et des forces ; elle ne tardera pas à être accomplie.

Ce n'est donc pas sérieusement que l'Autriche a protesté contre la réunion du parlement d'Erfurth. Le cabinet de Vienne sait trop bien à quoi s'en tenir, pour attacher la moindre importance à cette imitation dégénérée de l'Assemblée révolutionnaire de Francfort. Il a voulu seulement prouver que sa surveillance ne s'endort

pas, et surtout préparer les esprits, qui rêvent encore
la démagogie, à voir bientôt disparaître leur dernière
tribune et éteindre leur dernière torche à peine rallu-
mée. Non pas que j'assimile les députés élus pour Erfurth à ces démagogues-avocats sans cause et à ces
rhéteurs vides et pédants de Francfort, qui ont si profondément dégoûté les gens de bien d'un régime qui se
donnait de tels organes ; mais, quelque différents qu'ils
soient, ils doivent subir leur sort, celui de n'assister
qu'à une séance de clôture, dont l'impatience publique
abrégera les vains débats et la durée.

Ainsi, les Chambres se meurent, les Chambres sont
mortes en Allemagne. Il ne s'agira bientôt plus, que
dans l'histoire, de ces tentatives avortées d'importation
parlementaire. Le Zollverein repousse ce produit anglais
comme contrebande de l'ordre, et il le remplacera,
sans troubles, par des institutions locales, dont les bienfaits réels et immédiats ne consisteront pas en théories
mensongères ou en langage démagogique. L'Autriche,
sous la sage direction du prince de Schwarzemberg,
l'élève du prince de Metternich, essaie de ces modifi-
cations dans les provinces de l'Empire.

Mais ces affaires intérieures, je vous l'ai écrit, ne
sont pas les affaires les plus importantes de l'Allemagne,
surtout à votre point de vue. Elle ne s'organise pas aussi
puissamment ; elle ne fait pas de si immenses prépara-
tifs pour constituer une forteresse monarchique aux pieds
des Alpes Helvétiques et sur les bords du Rhin, et attendre
là, immobile, que les complots ou le signal de l'anarchie descendent de ces montagnes ou traversent le fleuve,
dont le passage est si connu de votre gloire. Après la

révolution de juillet, Casimir Perrier sacrifia sa vie même pour donner à la France *la Charte et la Paix*. Eh bien, l'Allemagne entière combattra, comme votre courageux ministre, pour donner à l'Europe **l'ordre et la paix**. Comme lui, elle atteindra son noble but, parce qu'elle est forte et résolue et que votre expérience et vos remords lui enseigneront à prendre les précautions nécessaires pour qu'il ne soit pas escamoté au bout de dix-huit ans. Forte et résolue, l'Allemagne sera prévoyante. Il lui faut, à tout prix et pour longtemps, l'ordre et la paix.

En ce moment la Suisse seule les compromet, car ne croyez pas, Monsieur, que la guerre puisse venir d'Orient ou naître du différend de l'Angleterre et de la Grèce. L'Empereur Nicolas aspire à une plus grande gloire que la conquête de Constantinople, dont Dieu a marqué l'infaillible date. Il a une mission et son esprit religieux dirige son courage et dispose de sa puissance. Ce prince sait que le titre du restaurateur de l'ordre était celui qui flattait le plus Napoléon et que c'est par un beau côté qu'il imitera ce grand homme, s'il peut l'obtenir à son tour. Il le poursuivra de tout son pouvoir, et son pouvoir égale aujourd'hui le plus grand pouvoir de l'Empereur et Roi. En 1812, Napoléon marcha contre la Russie à la tête de l'Allemagne soumise ; la Turquie elle-même lui fournissait une diversion. En 1850, l'Allemagne entière, plus que vaincue par la Russie puisqu'elle a été sauvée par elle, se lève à sa voix, et l'Orient lui obéit plus que jamais. Mais l'invasion française n'était que la guerre, et l'Empereur Nicolas se croit prédestiné à être le chef de la croisade de l'ordre.

Elle va commencer par atteindre l'anarchie en Suisse.

Je vous l'ai dit ; ce ne sera pas une difficulté. L'hiver a été employé à dissiper quelques scrupules de votre Prince-Président, scrupules honorables puisqu'ils ont leur source et leur force dans les sentiments les plus élevés et les plus respectables. Louis-Napoléon a été citoyen de Turgovie et a vécu à Areneberg avec sa mère, la reine Hortense ; l'exil a ses souvenirs et ses obligations. Mais Rome aussi avait offert l'hospitalité à l'illustre proscrit, et l'ordre y a été rétabli par vos armes. Il le sera de même en Suisse. Cette turbulente République ne formera plus un club provoquant impunément, par deux fenêtres toujours ouvertes, la France et l'Allemagne à l'insurrection. Elle rentrera, quoi que disent et que fassent les démagogues qui, là surtout, oppriment les hommes honnêtes qui y sont pourtant en si grande majorité, elle rentrera dans les conditions de son existence, stipulées par le traité du 20 novembre 1815, et restituera Neufchâtel à son Souverain, le roi de Prusse. Ainsi le veut l'ordre, ainsi l'exécutera sa Grande Armée. On croit ici que ce sera sans grande effusion de sang : les fenêtres du club Suisse ont aussi des vasistas.

Le printemps ne passera donc pas sans que cette première expédition de l'anarchie ne soit achevée. Je crois vous entendre déjà, monsieur, me demandant : après ? Après ! ma réponse sera précise : *l'armée de l'ordre n'attaquera que le désordre, mais elle le poursuivra partout.* Est-ce une menace contre la France ? non, assurément. Vous êtes rentrés dans la voie de l'ordre, et l'Europe a l'espoir fondé que vous n'en sortirez plus. Aussi le respect dû à votre puissance se fortifiera de plus en plus du respect concilié à votre sagesse. L'une et l'autre achèveront l'œuvre de votre salut et rassureront le monde contre les hommes et des doctrines qui le menaçaient d'une jacquerie universelle. On ne songe donc nullement à troubler le travail de votre reconstitution intérieure, et M. de Persigny n'a trouvé parmi nous que les encouragements les plus sincères et les plus flatteurs. La politique de l'ordre n'a pas eu de secrets pour lui. J'ai entendu de vieux diplomates comparer sa position à celle du duc de Richelieu au congrès d'Aix-la-Chapelle. Ce sage ministre y représentait un prince, Louis XVIII, qui avait l'estime des Souverains étrangers, et la France, qui leur était suspecte. Il obtint tout ce que demandait le Roi, l'évacuation du territoire et la diminution des charges de la guerre, et il fut loyalement mis au courant des mesures que les Alliés croyaient devoir prendre, dans le cas où le repos public serait de nouveau compromis. L'ambassadeur français était prévenu que l'Europe ne songeait qu'à se défendre contre la France et point à l'attaquer. J'ai des raisons de penser que le même langage a été tenu avec la même loyauté. Plus que jamais l'Europe veut l'ORDRE ET LA PAIX.

Veuillez agréer, etc.   C.

XVI

Des Finances de la Monarchie et de la République (*).

Le *Moniteur* vient de publier enfin le Rapport de l'honorable M. Berryer sur le budget de 1850 : c'est un travail très remarquable. Tout homme qui veut être au courant de la situation des choses, doit le lire et le méditer avec soin. Les finances d'un pays ont la plus grande influence sur sa politique.

Il y a déjà longtemps, nous avons défendu, dans ce journal, les finances de la Monarchie de juillet, si audacieusement dénaturées par les rapports officiels du gouvernement provisoire. Nous avons rétabli la vérité des faits et des chiffres, afin que l'opinion publique égarée pût juger avec justice. Nous sommes certain qu'elle l'a fait. Il n'est personne aujourd'hui qui ne sache à quoi s'en tenir sur des accusations que l'enivrement de la victoire n'excuse pas. Les ouvrages de MM. *Lacave-Laplagne* et *Dumon* auraient seuls suffi à les repousser ; mais les événements se sont chargés de la plus éclatante et de la plus cruelle justification.

Lorsque la Monarchie est tombée, ses finances étaient dans l'état le plus prospère et le plus productif qu'aient jamais mentionné les annales d'aucun peuple : des impôts avaient été diminués ou supprimés ; aucune charge

(*) Indépendant de la Moselle, 17 mars 1850.

nouvelle n'avait été établie ; les revenus croissaient an-
nuellement ; tous les services étaient mieux dotés et
d'immenses travaux extraordinaires répandaient, sur toute
la surface du pays, l'aisance et le bien-être. La prospérité provoque la prospérité. Aussi, chaque année, le
budget pouvait satisfaire à plus de dépenses, sans imposer plus de sacrifices aux contribuables ; la moyenne
des accroissements a été de plus de VINGT-CINQ MILLIONS
par an. La richesse publique augmentait donc sans cesse
et l'on ne peut dire combien l'ont développée les QUINZE
CENT MILLIONS de travaux extraordinaires, qui sont un
des legs de la Monarchie à la France et l'une de ses plus
grandes gloires.

Nous n'avons pas oublié que lorsque nous rétablissions,
dans l'*Indépendant*, ces faits, ces chiffres, cette justice,
nous avons été attaqué par le *Courrier de la Moselle*,
qui nous a fait l'honneur de consacrer deux articles à
combattre nos assertions, à réfuter nos éloges du passé,
à dissiper nos alarmes de l'avenir. Nous ne le rappelons
pas pour nous en plaindre. Nous ne voulons qu'y trouver
le droit de demander, à notre tour, au *Courrier de la
Moselle*, ce qu'il pense aujourd'hui des finances de la
Monarchie et ce qu'il augure des finances de la République. Pour les unes, l'histoire a déjà fait luire la vérité
sur elles ; pour les autres, le rapport de M. Berryer va
nous les faire juger.

« Notre mission était laborieuse, dit l'illustre Rappor-
» teur, après la grande perturbation que les événements
» des deux années qui viennent de s'écouler, et les dis-
» positions mêmes des dernières lois de finances, ont jetée
» dans l'ordre matériel et moral du pays, dans la situa-

» tion du trésor et des fortunes particulières , dans les
» conditions nécessaires du crédit public et privé. »

Et , en effet , l'exercice 1848 , que la Monarchie aurait
soldé avec ses ressources comme l'exercice 1847 , malgré
la disette et la crise commerciale , l'exercice 1848 , après
février , cherche partout des ressources extraordinaires ,
diminue les travaux publics , impose les 45 centimes ,
opère des retenues sur les traitements , consolide des
rentes , anticipe des emprunts, en un seul chiffre, dévore CINQ CENT QUATRE-VINGT-TREIZE MILLIONS CINQ CENT
VINGT-CINQ MILLE TRENTE-QUATRE FRANCS de ces ressources
extraordinaires qui le laissent encore dans le déficit avec
un déficit de plus de SEIZE MILLIONS et avec une dette
de plus de 31 MILLIONS pour la compensation accordée
aux Déposants des caisses d'épargne par la loi du 24 novembre 1848. Ainsi, dix mois de cette malheureuse
année 1848 ont couté plus SIX CENT QUARANTE MILLIONS
en dehors du budget de la Monarchie , à laquelle on
reprochait si amèrement de l'avoir fait trop considérable et trop onéreux.

L'exercice 1849, dit M. Berryer, s'est ressenti de ce
mauvais état des choses ; il faut en évaluer le décou-
couvert à DEUX CENT QUATRE-VINGT-DIX MILLIONS au
moins.

La situation financière au 1er janvier 1850 est donc
celle-ci : CINQ CENT QUATRE-VINGT-TREIZE MILLIONS de
ressources extraordinaires absorbées en 1848 ; absorbées
également en 1849 , la réserve de l'amortissement, le
remboursement à faire par la compagnie des chemins
de fer du Nord et le complément de l'emprunt de 1841,
et un déficit DATANT DU 24 FÉVRIER , de plus de TROIS

CENT TRENTE-UN MILLIONS, qui est mis à la charge de la dette flottante et qui la porte au-delà de CINQ CENT SOIXANTE-QUATRE MILLIONS.

Si donc nous évaluons à *cent millions* seulement les ressources extraordinaires affectées à l'exercice 1849, du 24 février 1848 au 1ᵉʳ janvier 1850, le déficit aura été de plus de UN MILLIARD ET VINGT-CINQ MILLIONS.

Ce n'est pas tout.

La dette inscrite a été chargée, depuis le 1ᵉʳ janvier 1848, d'une masse de créations nouvelles s'élevant à CINQUANTE-HUIT MILLIONS DEUX CENT QUATRE-VINGT MILLE FRANCS de rente, et le fonds de dotation annuelle de l'amortissement a dû être augmenté de 1 pour cent, aux termes des lois. « Ressource funeste, dit à l'occa-
» sion de ces rentes, l'honorable M. Berryer, car les
» facultés obtenues par la voie de l'emprunt, quand
» elles sont ainsi réclamées pour les nécessités urgentes
» des services ordinaires de l'État, ne sont jamais ac-
» quises qu'à des conditions onéreuses qui affectent
» dangereusement le crédit public pour les jours où il
» serait plus opportun d'y recourir. »

Le crédit public est donc encore affecté de UN MIL-LIARD DEUX CENTS MILLIONS.

Et ces milliards dont l'État s'appauvrit de combien de milliards appauvrissent-ils la fortune publique et privée ? Par quel chiffre nous répondra le *Courrier de la Moselle* ?

Ah ! qu'il ne croie pas, que personne ne nous juge assez mal pour croire, que nous triomphons devant de

pareils résultats! Loin de nous cette odieuse supposi-
tion! L'effrayante détresse de notre pays nous afflige
profondément, car elle cause notre impuissance à l'extérieur et notre souffrance à l'intérieur. Nous le voudrions
toujours puissant, heureux et respecté ; c'est notre premier vœu, notre première opinion, et nous ne savons
pas de sacrifice auquel nous ne soyons prêt pour que
la France soit toujours la grande Nation. Mais de quel
temps, de quels dévouements, de quelle sagesse n'au-
rons-nous pas besoin pour réparer ces incalculables désastres! Sans doute nous ne désespérons pas de l'avenir
de notre pays. Aussi, nous ne prendrons pas une trop
facile revanche du blasphème par lequel un ministre du
gouvernement provisoire osait affirmer, dans un rapport
fameux, que la République avait sauvé la Monarchie
de la banqueroute, et nous ne demanderons plus qui
en sauvera la République. Qui? L'union des honnêtes
gens, et la France, rendue au repos, à la paix, à la
prospérité, pourra compter une fois de plus ce que
coûtent les révolutions.

XVII

Lettre de Berlin (*).

(TROISIÈME)

⁓⌇⌇⌇⌇⁓

Berlin, le 12 mai 1850.

J'ai lu dans votre journal, Monsieur, que vous avez été accusé, par la presse ultrà démocratique, d'espérer ou de provoquer même l'invasion étrangère, et c'est ma seconde lettre qui vous a valu cette attaque. Il est vrai que votre réponse m'a rassuré sur l'importance que vous avez donnée à un propos qui ne peut vous atteindre et qui serait démenti par tant de faits et par tant de témoins. Il le serait surtout par ces sentiments du plus noble patriotisme, du patriotisme le plus courageux, le plus résolu, le plus résigné, que vos amis vous ont si souvent entendu exprimer avec passion. Nous savons tous que si la guerre sortait un jour du désordre produit en Europe par vos démagogues, ce seraient précisément les hommes, dont vous êtes l'organe, qui marcheraient les premiers vers vos frontières menacées, et qui donneraient leur vie pour défendre l'indépendance nationale, alors même qu'elle couvrirait chez vous l'anarchie et nous en ferait craindre le voisinage et la pro ⸱

(*) INDÉPENDANT DE LA MOSELLE , 18 mai 1850.

pagande. Les révolutionnaires crient, se cachent ou se sauvent par les vasistas ; les vrais citoyens, comme vous, meurent pour leur pays.

Mais, Monsieur, vous n'avez besoin du secours de personne, surtout d'un étranger comme moi, pour vous disculper d'une injustice, je devrais dire d'une injure. Pour certains caractères, les démentis sont des faiblesses : vous n'en êtes ni coupable ni capable. En publiant mes lettres, vous voulez faire connaître à vos lecteurs quels sont les appréciations lointaines d'un homme qui a quelque expérience des affaires et qui juge les vôtres sans illusions et sans craintes, vous réservant toutefois de n'accepter mes jugements que sous bénéfice de votre opinion et de votre fierté française. Je vous approuve complètement, et cela m'est d'autant plus facile que je n'ai jamais eu l'intention, et que j'espère n'avoir jamais la maladresse de vous adresser un conseil ou une expression qui puisse vous blesser. J'interroge les faits, j'en déduis les conséquences, et ce n'est ni ma faute ni la vôtre si les événements font quelquefois, aux révolutionnaires, des réponses si menaçantes.

Vous avez vu, Monsieur, mes prédictions se réaliser en Allemagne. La fantaisie représentative du Roi de Prusse touche à sa fin, et j'avais raison de vous dire que l'Autriche n'attachait réellement aucune importance au parlement d'Erfurth. Il a fini sans conclusion ; il ne laissera qu'une page oubliée dans le dernier chapitre de notre histoire révolutionnaire. Ainsi s'évanouit chaque jour le rêve des unitaires, et chaque jour reprend de la force le droit véritable, celui qui a été fondé en 1815. Vous avez suivi les oscillations de la question de la fédération allemande et les vaines tentatives essayées sous tant de formes pour la résoudre définitivement. Les gouvernements ont beau se rapprocher, comme la Prusse, la Saxe et le Hanôvre, par leur traité du 26 mai 1849; ou se séparer comme le Wurtemberg, la Bavière et la Saxe, par leur note collective du 13 mars 1850, et le Hanôvre par sa déclaration du 25 février dernier; la Prusse et l'Autriche peuvent se montrer plus ou moins divisées, plus ou moins hostiles, réunir un congrès de princes à Berlin ou une assemblée de ministres à Francfort, soyez convaincu que rien de dangereux ne sortira de ces conflits apparents, et que l'Allemagne entière, unie pour le maintien de l'ordre, retournera sans trouble aux principes et aux règles qui l'ont constituée et rendue florissante depuis 1815. Elle a conservé ou reconquis ses deux plus grandes forces : *les rois et les armées*. Les jours d'épreuve sont finis pour elle.

Sa puissance s'est déjà manifestée avec éclat. Vous n'avez pas oublié que je vous ai annoncé la résolution des parties intéressées, de faire rentrer la Suisse dans les conditions de son existence, stipulées par le traité du 20 novembre 1815. Ainsi le voulait l'ordre, ainsi devait l'exécuter sa Grande Armée. On ne croyait pas à une résistance sérieuse; vos démagogues du Conservatoire ne veulent pas d'effusion de sang; et ils sont les mêmes partout. En Suisse, ils n'ont pas même fait le simulacre du courage. On a obtenu plus qu'on ne pouvait espérer. Tous les réfugiés, désignés par la police, allemands, autrichiens, prussiens, français, ont été expulsés par les frères et amis de la République effrayée et soumise. Et Berne, le canton de Berne, celui qui est la tête et la torche du parti radical, vient de faire des élections sages et conservatrices. La résipiscence helvétique est progressive ; elle arrêtera et détournera l'intervention étrangère ; c'est le succès de l'ordre. Vous devez en féliciter vos *bons compères*, comme les appelait Henri IV, l'aïeul si populaire de M. le duc de Bordeaux et de M. le comte de Paris.

Ainsi, Monsieur, l'ordre, l'ordre partout, l'ordre complet. La France doit en prendre l'initiative et en donner l'exemple ; n'est-elle pas encore lassée de sa vie de désordres ? L'Europe vous observe sans vous menacer, je vous l'ai dit, mais sans vous craindre, vous devez vous en apercevoir : elle écoute, elle attend et elle juge. Lorsque votre République a l'air de nous jeter un défi révolutionnaire par des élections socialistes, nous sommes affligés, point émus. Chacune de vos erreurs, de vos fautes, de vos folies vous amoindrit, vous fait descendre d'un rang, vous enlève un prestige et un respect. Vous ne serez forts, vous ne reprendrez l'influence que vous n'auriez jamais dû perdre, que lorsque vous en aurez fini avec cette démagogie de carrefour.

L'ordre donc : c'est le cri de tous ; c'est le besoin universel. Mais s'il se rétablit dans les faits, il est encore plus urgent de le ramener dans les esprits. La conciliation en est le premier et le meilleur moyen. Tous les amis sincères de leur pays ; tous les hommes honnêtes, prévoyants, courageux, doivent se rapprocher, s'unir étroitement, rendre invincible leur alliance par l'oubli du passé, par l'entente de l'avenir. Leurs discordes ont été votre plus grand malheur. Les entretenir serait un crime ; les terminer est votre seule chance de salut. Travaillez-y donc à l'envi ; ne perdez ni une heure ni un effort. Un grand exemple vous est donné, qui produit, en Allemagne, depuis quelques jours, la plus heureuse et la plus profonde sensation. Madame la Duchesse d'Orléans, subordonnant son cœur de mère à des sentiments aussi tendres mais plus expérimentés, est partie pour Claremont, accompagnée des deux jeunes princes, ses fils. On assure, qu'entouré de tous ses enfants, le comte de Neuilly fera solennellement connaître la réconciliation unanime des deux branches de la maison de Bourbon. Ce sera pour la France, pour l'Europe, un immense événement. Désormais deux grands partis, dont la séparation a eu de si funestes résultats, apporteront au rétablissement de l'ordre un concours puissant et commun, et une famille, que l'exil n'empêche pas d'être la première parmi les Rois et la plus grande dans l'histoire, pourra former des vœux pour le bonheur de la France, qui auront la même ardeur et le même but.

Veuillez agréer, etc.   C

XVIII

Du 24 Février 1848 (*)

Que reste-t-il de la surprise du 24 Février 1848 ?

Sans doute la République une et impérissable. Nous nous hâtons de protester que nous n'avons nullement l'intention de l'attaquer, de la mettre en question, de compter ses jours. La constitution Marrast déclare que la France a adopté cette forme DÉFINITIVE de gouvernement, et la France, qui n'a pas été consultée et qui est définitivement heureuse et enchantée, comme chacun sait, la France se le tient pour dit.

Mais si nous savons ce que la surprise de Février a mis *pour toujours* à la place de la Monarchie, nous ne sommes pas aussi rassurés sur le sort des grands hommes qui l'ont faite et sur leurs œuvres, destinées à en perpétuer la durée et à en raconter la gloire.

Les grands citoyens de cette époque, les plus fameux ont disparu de la scène, poursuivis par la justice ou échappés par les vasistas du Conservatoire. Ceux qui sont encore en France y jouissent du crédit et de la considération que l'on doit à leurs vertus républicaines de la veille, et ils marchent entourés des hommes qu'ils ont naguères fusillés, mitraillés, jetés sur les pontons

(*) INDÉPENDANT DE LA MOSELLE, 22 mai 1850.

et transportés. Entre frères et amis, il n'y a pas de rancune, les marquis du *National* le verraient bien si les
patriotes de la *Voix du Peuple* et de la *Presse*, dans
quelque nouveau guet-apens de leurs pétitions contre la
réforme électorale, pouvaient proclamer la *République
démocratique et sociale.*

Jugés, enfuis, condamnés à l'étreinte ou aux fureurs
de leurs derniers amis, naguères leurs victimes, tel est
donc le sort des pères de la République. Lequel de ces
trois supplices leur est le plus cruel? Qui souffre le
plus ou Barbès ou Ledru-Rollin? qui est le plus humi-
lié, Caussidière ou le citoyen Lamartine? Nul ne peut
le dire. Quel est celui que ses remords déchirent le plus?
Nous le savons bien! Mais la conscience, comme l'histoire,
est inexorable.

Voilà où ils sont; leurs actes sont encore plus repoussés, sont descendus encore plus bas que leurs personnes. Il n'est pas un décret du gouvernement provisoire
qui soit resté debout, qui ne soit tombé devant la raison
effaçant ces folies, ces erreurs, ces mauvaises actions,
ces lâchetés, ces vengeances et ces appétits de l'orgueil.
On n'en croit pas ses yeux, après deux années seulement,
lorsqu'on parcourt le Bulletin des Lois et l'on se prend
d'une tristesse profonde en songeant que ces produits
de l'Hôtel-de-Ville y laisseront une trace aussi indes-
tructible que honteuse, à côté des lois qui avaient élevé si
haut la gloire, la puissance et la prospérité de la Monarchie Française.

Et ce sont de pareils hommes qui voudraient ressus-
citer pour nous rendre de pareils actes! et la France
devrait une seconde fois subir leur double ignominie!

C'est aujourd'hui, c'est le jour de la présentation de la loi électorale, c'est le jour de son adoption, c'est le plus tôt possible, que les républicains de la veille, impatiemment attendus, vont ressaisir le pouvoir sur leurs barricades victorieuses, disent-ils. Non, ils n'auront pas l'audace de le tenter, parce que le pays les a vus à l'œuvre et les surveille, et qu'il suffira de la lumière du jour pour dissiper leurs complots et faire évanouir leurs courages révolutionnaires.

XIX

Ils sont audacieux, parce que nous sommes.......

.......modérés (*).

———◦◦———

La loi électorale est votée ; tous les amendements ont été rejetés ; le Tiers-Parti n'a pu faire prévaloir aucune de ses habiletés, l'opposition aucune de ses violences. La majorité s'est conservée unie et résolue. Elle a voté, comme un seul homme, cette loi, tant accusée de violer la Constitution par les Républicains de la veille, qui respectent si religieusement l'œuvre-Marrast, jusqu'à ce qu'ils la suspendent à leur profit. Et le télégraphe nous a chaque jour appris que Paris n'était pas en feu, que les provinces ne se soulevaient pas, que la France assistait tranquillement à une discussion dont le résultat devait être de lui donner quelques chances de plus de repos et de sécurité, en manifestant surtout quels sont les projets des Montagnards, et quel est le moyen de les réprimer.

Ce moyen, c'est de n'en avoir pas peur.

Les projets de ces éternels ennemis de l'ordre ne sont un secret pour personne. Ils voulaient une émeute universelle. Ils espéraient que Paris donnerait l'exemple à la France, et que leurs discours en seraient le signal.

(*) INDÉPENDANT DE LA MOSELLE, 5 juin 1850.

Lorsqu'ils ont vu que Paris ne se soulevait pas spontanément et que les frères et amis exigeaient que leurs
chefs se missent à la tète des combattants; lorsqu'ils se
sont comptés, sur les rapports des chefs de section, et
qu'ils ont été certains de la *raclée historique* que leur
préparait infailliblement le général Changarnier, alors
ils se sont tournés vers les départements, où l'incendie
n'a jeté que quelques étincelles décolorées. Les mauvais
ouvriers du Creuzot, en petit nombre, ont seuls répondu
à l'appel de l'insurrection, et l'approche du général de
Castellane a suffi pour les mettre en fuite ou les faire
rentrer dans le devoir. Dans quelques autres villes du
midi, l'autorité n'a eu qu'à montrer qu'elle était prète,
et la tranquillité publique n'a été sérieusement troublée
nulle part.

Il en sera toujours ainsi. L'ordre n'est compromis que
par la faute de ceux qui sont le plus intéressés à le
maintenir. Le guet-apens du 24 février aurait été déjoué
par une compagnie de garde nationale. Depuis, l'audace
des révolutionnaires s'est accrue sans doute ; mais l'audace qui prêche la sédition dans un club ou sur une
borne, n'est pas le courage qui dispute la victoire les
armes à la main. Vous voyez bien qu'ils étaient préparés ; que la violation de la Constitution était leur
prétexte, le maintien du suffrage universel leur drapeau,
le vote qui le réglemente leur occasion. Qu'ont-ils fait ?
Leurs chefs ont majestueusement demandé la question
préalable, et la majorité a passé outre, et Paris ne
s'est pas soulevé ! Alors leurs orateurs ont tonné du haut
de la tribune; ils ont insulté l'Assemblée ; ils ont jeté
leurs pétitions au nez du Président ; ils ont été ce qu'ils
seront toujours, en un mot, et la majorité, en sanc-

tionnant les rappels à l'ordre si bien mérités, a repoussé tous les amendements, adopté tous les articles, et Paris applaudit, et la France fera comme Paris. L'ordre ne sera nulle part compromis; ils n'oseront pas.

Ils n'oseront pas tant que nous serons sur nos gardes. Jamais pourtant leurs déclamations démagogiques ne semblaient devoir produire plus d'effet, soulever plus de passions, inspirer plus de rancunes, armer plus de courages. Ils avaient des auxiliaires inespérés, et le général Cavaignac et M. le vicomte Victor Hugo, et M. de Larochejacquelein et le Tiers-Parti tout entier. La Montagne était au grand complet, même de son futur contingent. Inutile de dire que le citoyen Lamartine ne lui a pas fait défaut; il avait son œuvre à défendre et sa célébrité rouge à protéger contre les envahissements d'un autre chantre des Royautés régnantes. Mais rien ne pouvait les relever de leur défaillance en face d'un combat sérieux : M. de Flotte a fait de la modération à la tribune; les chefs se sont prudemment abstenus, et l'émeute est rentrée au cabaret. Il leur faut la nuit du boulevard des Capucines et la société prise au dépourvu, sans défiance et désarmée.

Ils n'oseront pas quand ils la sauront prête et disposée à se défendre. Ils se connaissent et s'estiment mieux que nous ne le croyons. La justice qu'ils se rendent est plus sévère que la nôtre. Ils savent mieux que nous leur petit nombre, leur insuffisance, leur incapacité, leur indignité. Ils ne veulent de la conquête du pouvoir que l'heure du pillage, ou la nuit des orgies de l'Hôtel-de-Ville et du Luxembourg; ils ne songent pas à l'enlever pour l'exercer régulièrement; M. de Flotte vous l'a dit, qu'en feraient-ils ? Le pouvoir les conduit infailliblement à Londres ou au mont Saint-Michel.

Ils n'oseront donc rien, rien contre la société qui les surveillera.

Ils n'oseront rien, surtout lorsqu'ils seront convaincus que la société, vigilante et unie, profitera de la leçon et de la force que lui donnent les débats et l'adoption de la loi électorale, pour marcher plus résolument dans la voie de l'ordre. Le gouvernement est prêt et décidé à proposer une série de lois énergiques; la majorité le sera à les voter sans hésitation. Il faut en finir ; l'expérience du désordre est trop prolongée ; le pays se meurt de faiblesses. Agissons vivement, promptement. La loi électorale enseigne déjà aux honnêtes gens que c'est en prenant les mesures les plus efficaces qu'ils feront tomber les armes des mains des charlatans de l'émeute, qu'ils dissiperont ces fanfarons de révolutions, qu'ils rétabliront sans troubles l'ordre tel que la France le désire et en a tant de besoin..... ils n'ont qu'à le vouloir.

XX

Lettre de Berlin (*).

(QUATRIÈME.)

———

Berlin, 1ᵉʳ juin 1850.

Le régicide nous gagne, monsieur ; voici la deuxième
tentative contre notre Roi. Notre histoire ne fournissait
pas d'exemple de cette persévérance du crime. La de-
vons-nous à vos exportations et sommes-nous destinés à
revoir Louvel, Fieschi, Alibaud, Meunier, Quenisset,
Lecomte et je ne sais combien d'autres scélérats, qui ont
tiré de vos doctrines démagogiques l'infernale et logique conséquence du meurtre du souverain ? J'ignore
à quelles épreuves nous destine cette expérience de la
mécanique représentative que Frédéric Guillaume poursuit avec autant de conscience que d'aveuglement; mais
elles seront abrégées par de tels événements, tenez-le
pour certain. Nous ne nous contenterons pas de quelques
lois de septembre, bientôt, comme chez vous, inexé-
cutées. L'opinion publique ne sera satisfaite que par de
grandes mesures. Elle a été profondément affligée et irritée
de l'attentat commis sur le Roi ; chaque père de famille,
chaque homme honnête, chaque véritable prussien en
a compris l'intention et le but : la nation entière, si

(*) Indépendant de la Moselle, 5 juin 1850.

dévouée aux héritiers du grand Frédéric, repousse avec horreur les théories et les misérables qui viennent de dire ainsi leur dernier mot, et elle est plus blessée que le Roi par le coup de pistolet.

Si la leçon qu'il donne aux peuples et aux Rois n'est pas suffisamment claire ; si l'Allemagne entière ne voit pas où veulent la conduire ses révolutionnaires, sous le prétexte de libertés désorganisatrices et d'une chimérique unité ; si les Princes ne comprennent pas enfin ce que coûtent leurs nébuleuses conceptions et leurs débonnaires concessions; si Rois et peuples ne sont pas éclairés pour juger que le temps est venu de resserrer leur alliance héréditaire et d'opposer les forces d'une union indissoluble à des attaques que la faiblesse et les divisions rendent seules dangereuses, la discussion de votre loi électorale aurait complété les enseignements de l'embarcadère de Berlin.

Sans doute, nous n'avons pas été surpris des divagations démagogiques de ces représentants Montagnards, si inconnus que je les appellerai tous Jules Favre pour leur donner une qualification rouge et parlementaire : tous les Jules Favre donc continuaient leur métier. Sous le prétexte, étrange dans leur bouche, de respecter la Constitution, ils veulent détruire la société. C'est leur affaire, leur passion, leur débauche, leur vie. Ils détruiraient la République démocratique et sociale, s'ils avaient pu vous l'imposer dans quelque guet-apens. Parmi eux, avec l'astucieuse retenue d'un chef qui se ménage, nous avons vu descendre sans étonnement le général Cavaignac. Il ne peut se retenir sur la pente fatale où sa nature le place et il glissera jusqu'au fond

de l'abîme jacobin : ses jours sont comptés. Quant à
M. de Lamartine, la liberté turque le préservera seule
d'un pareil sort et elle donnera le honteux asile de
Smyrne à ses prochains et inexorables remords. Le repentir sera le chant suprême de ce poète renégat et l'exagération de l'humilité, son dernier orgueil. Quelle leçon,
quel exemple ! Et que vous dirai-je de M. Victor Hugo,
qui les suit? On prétend ici qu'un fragment de son discours servait de bourre au pistolet de l'assassin du Roi.
Les paradoxes, les erreurs, les mensonges, les coupables illusions, les injustes accusations, les dégrada-
tions de tout ce qui est respectable, les antithèses
socialistes et les appels factieux gonflaient ce discours
aérostat, illuminé par des paroles aussi resplendissantes
et aussi vaines que des feux de Bengale.

Il n'a manqué à M. le vicomte Hugo, pour conclure
en faveur de la République rouge, que ce que le citoyen
Lamartine a eu sous la main, le 24 février, contre la
Monarchie, une émeute et la peur.

Ces trahisons de l'ordre, ces désertions du sens commun causent toujours plus de regret que d'étonnement.
L'histoire des démences de l'orgueil en offre la série non
interrompue. L'orgueil humain, lorsqu'il n'est pas soumis aux règles tracées par la main de Dieu, dégrade
le génie même et ne lui attire que les malédictions de
la gloire. Mais aussi lorsque le génie repousse, comme
un blasphème, l'infaillibilité de sa raison; lorsqu'il
s'appuie sur les préceptes divins, qui sont la base éternelle et les fondements immobiles de la civilisation ;
lorsqu'il s'incline avec respect devant les vérités morales
et qu'il lit avec fruit dans les annales des peuples les

8

vérités politiques qu'y laissent les révolutions ; lorsqu'il
est assez courageux pour attaquer cette triple anarchie
qui dévore aujourd'hui le monde : l'anarchie religieuse,
l'anarchie sociale , l'anarchie politique , alors le génie
mérite l'admiration et la reconnaissance de tous ceux
qui sont dignes de le comprendre, et nous avons éprouvé
ces sentiments pour M. le comte de Montalembert. Honneur à lui , honneur à M. Thiers, à M. de Vatimesnil,
à M. Berryer, à M. le ministre de l'intérieur, à M.
Léon Faucher , à ces éloquents, habiles et intrépides
athlètes de l'ordre. Leur attitude altière vis-à-vis les
montagnards produira autant d'effet que leur réfutation
victorieuse de chimères insensées. Le courage est aujourd'hui l'auxiliaire le plus utile de la raison.

Vos hommes d'État paraissent enfin s'en apercevoir :
le temps des faiblesses est passé. Il n'y a plus à ter-
giverser dans la voie de l'ordre, on ne peut le rétablir
qu'en y marchant droit. Après votre loi électorale, n'allez
pas vous endormir; l'ombre de ce laurier est aussi dé-
létère. Il vous faut des lois de plus en plus efficaces,
des mesures de plus en plus énergiques, des hommes
de plus en plus résolus. Finissez-en avec des folies,
dont les essais, pris au sérieux, sont beaucoup trop
prolongés. Votre mardi gras de la démagogie dure depuis vingt-sept mois, c'est beaucoup trop.

L'Europe vous donne l'exemple du retour à l'ordre.
Des révolutions que vous lui avez envoyées en 1848, les
derniers vestiges s'effacent chaque jour. Vous ne savez
peut-être déjà plus le nom de l'Assemblée qui remplaça,
en province, l'Assemblée législative de Vienne. Les assemblées allemandes, qui subsistent encore, seront bien-

tôt aussi oubliées que le parlement autrichien. La réunion parlementaire d'Erfurth, le congrès des princes de Berlin, celui des ministres à Francfort, ces représentations amoindries et de plus en plus éloignées de l'esprit révolutionnaire vont aboutir à une entrevue de Rois à Varsovie. Là, les besoins de l'Allemagne seront appréciés avec une calme sagesse, et ses intérêts réglés pour sa plus grande prospérité. Nous avons la confiance qu'une ère nouvelle va dater pour nous de ce Conseil de Rois. Malheureusement la blessure de Frédéric Guillaume l'empêche de s'y rendre. Mais on assure déjà que l'Empereur Nicolas viendra faire une visite à son beau-frère, et l'entretenir des résolutions souveraines qui auront été adoptées pour le rétablissement définitif de l'ordre en Allemagne. Ces résolutions sont à peu près connues, et elles inspirent autant de satisfaction que d'espérance aux amis de leur pays. Elles ont embrassé toutes les questions politiques, toutes les éventualités; l'accord est complet, et, si je ne craignais de vous attirer encore les attaques de vos journaux démocratiques, je vous dirais que l'Europe n'a jamais été plus unie, plus unanime dans ses projets, plus forte dans les moyens de les exécuter. Elle n'a qu'une idée, qu'un but; je n'ose pas ajouter qu'un guide et qu'une armée. On a dit chez vous, que Louis-Philippe était le Napoléon de la paix; on dit, de ce côté-ci du Rhin, que l'empereur Nicolas est le Napoléon de l'ordre.

Dans une prochaine lettre, j'entrerai dans le détail des grandes résolutions de Varsovie. Je pourrai le faire alors, je l'espère, sans commettre d'indiscrétion, et vous verrez combien l'Europe a d'égards pour la France, dont elle déplore néanmoins l'aveuglement et la faiblesse.

Elle vous observe, je vous l'ai dit, sans vous menacer, mais aussi sans vous craindre ; elle préférerait vous être unie. C'est le vœu des peuples et le travail des hommes d'État.

Veuillez agréer, etc. C.

XXI

Menaces des Révolutionnaires (*).

Les républicains, nous parlons bien entendu des républicains de la veille, devraient enfin comprendre que
leurs menaces ne feront bientôt plus peur, même aux
petits enfants.

La liste de ces menaces avortées est assez longue déjà
pour qu'il ne soit pas inutile d'en rappeler quelques-
unes. Ne remontons qu'au 10 décembre. On se souvient
de ce qui devait arriver, si le général Cavaignac n'était
pas élu Président de la République, les malheurs qui
devaient fondre sur la France, les coups qui devaient
frapper tous ceux qui ne voteraient pas pour ce candidat,
du National et du Tiers-Parti, les manœuvres qui
en étaient l'avant-coureur et comme la sanction. Le prince
Louis-Napoléon est nommé par quatre fois plus de suffrages
qu'en obtient son redoutable rival et l'on n'entend que
les applaudissements du pays, qui a protesté, par une
première et solennelle réponse, contre les insolentes
menaces de la démagogie.

Les élections du 13 mai arrivent et gare à la France,
si elle ne nomme pas des républicains de la veille ! Et
la France, encore sous la pression de certains commissaires du gouvernement provisoire, sillonnée par leurs
agents, trompée par leurs protestations hypocrites, en

(*) Indépendant de la Moselle, 15 juin 1850.

laisse passer un sur quatre et elle n'est agitée que par
la crainte de ne pas en avoir assez fait justice. Ils se
résignent à n'être qu'en impuissante minorité ; l'insurrection replie son drapeau et désarme son fusil.

Lorsque la loi sur le droit de réunion est discutée,
l'insurrection gronde sur l'Assemblée, sur le pays, sur
le monde. Le peuple, disent-ils, défendra les comices
où il est si fier et si heureux d'exercer, par la bouche
de quelques orateurs avinés, sa souveraineté. La loi est
votée ; la police met un verrou à la porte des clubs,
et le vrai peuple, les ouvriers honnêtes et laborieux,
tous les honnêtes gens, applaudissent ; c'est l'insurrection du bon sens.

Une armée française va délivrer Rome des mains des
Républicains, qui avaient inauguré leur pouvoir, en
assassinant le comte Rossi et en chassant le Souverain
Pontife. Si la République romaine est renversée par vos
armes fratricides, disent nos héros de barricades, la
France indignée se lèvera tout entière pour protester
contre cet attentat. Effectivement la République romaine
disparaît avec les bandits étrangers qui lui imposaient
leur patrioterie nomade ; l'armée reçoit à genoux la bénédiction du Pape, qui la remercie de son secours et de
sa victoire, et la France assiste aux TE DEUM chantés
dans toutes ses églises, pour la délivrance du Saint-
Père et la gloire de ses nobles enfants, dont on dira
encore : ILS ÉTAIENT DE L'ARMÉE D'ITALIE.....

Mais si tant de fois, la longanimité montagnarde a
souffert les progrès de la réaction, la violation même de
la Constitution, cette œuvre sacrée, cette arche sainte,
ces tables du mont Sinaï remises au citoyen Marrast par
le génie de la République de la veille, il n'en sera pas

ainsi de toute atteinte au suffrage universel. Le fer, le feu, la guerre civile, l'extermination, un branle-bas général de toutes les forces républicaines le défendront infailliblement et impitoyablement. Le suffrage universel avec tous les frères et amis, sans triage des bons et des mauvais, des honnêtes et des fripons, des correctionnels et des forçats, le suffrage universel sans règle ou la mort! On se réunit, on délibère l'insurrection, on lui donne un jour, une heure fixe, son armée est prête, ses chefs indiqués, ses manœuvres annoncées, son triomphe certain : Paris sera mis en cendres et la France voudra un soulèvement général, à la voix libératrice d'un second gouvernement provisoire. L'Assemblée est avertie, elle n'a qu'à oser voter la loi qui ose régulariser le suffrage universel, et elle verra!! La loi, cette loi grosse d'une révolution si épouvantable, est votée, et pas une maison brûlée, pas une barricade, pas un coup de fusil ; il faut lire les articles du *National* ou de la *Presse* pour savoir le crime qu'ont commis les honnêtes gens et le danger auquel ils viennent d'échapper, en faisant faire, enfin, à l'ordre, son premier progrès significatif.

La France se rit de ces vaines menaces ; elle les dédaigne comme le témoignage vulgaire de l'impuissance. Il n'y a de fort que la vérité, et quand de tels révolutionnaires prétendent représenter le peuple, ils poussent l'audace du mensonge jusqu'au sacrilège. Non, non, la France ne veut d'eux à aucun prix et sous aucune forme. Si, dans un moment de stupeur, elle a pu se soumettre à leurs fatales expériences, elle a bientôt jugé qu'ils n'étaient que des charlatans de pouvoir ; aujourd'hui leurs menaces lui enseignent encore qu'ils ne sont que des charlatans de courage.

XXII

Courage et vigilance (*).

Nous l'avons dit vingt fois et nous devons le répéter toujours! ce qui fait la faiblesse du parti des honnêtes gens, c'est qu'au courage du combat il ne joint pas le courage de la vigilance.

Le parti du désordre est toujours à l'affût de la société. Il passe sa vie à examiner de ses regards fauves, si le moment vient de se précipiter sur elle quand elle s'oublie, ou de fuir quand elle songe à se défendre.

Le parti de l'ordre n'est pas ainsi organisé. Lorsque la générale l'appelle à une bataille, il la soutient pendant quatre jours comme en juin 1848, ou la fait disparaître par sa seule attitude, comme en 1849. Mais une fois le danger passé, le parti de l'ordre se repose sur ses lauriers, et laisse ses éternels ennemis reformer leurs bandes dispersées.

Nous savons bien que le duc de Vendôme fit coucher Philippe V sur les drapeaux conquis à Villaviciosa; mais ce glorieux sommeil du petit fils de Louis XIV fut court, et le vainqueur sut profiter de sa victoire. Les Républicains de la veille sont plus tenaces que l'Archiduc d'Autriche; ils jouent en effet plus qu'une couronne;

(*) Indépendant de la Moselle, 15 juin 1850.

ils jouent leurs théories et leurs appétits. Il n'y a ni trève ni repos contre eux.

Il est vrai que pour les vaincre, il suffit de se montrer prêt à les combattre. Vous vous souvenez du général Changarnier débouchant par la rue de la Paix et les chassant par le flanc droit et le flanc gauche de chaque côté du boulevard, aux railleurs applaudissements de la foule, un moment effrayée du nombre et des vociférations de ces intrépides matamores. Il en sera toujours ainsi. Cette vague n'ira pas plus loin, quand on le lui défendra. Mais il faut le lui défendre, et comme elle est toujours prête à se soulever, il faudrait l'être toujours à l'arrêter. C'est là que le parti de l'ordre est en défaut : la Société ne peut se résoudre à rester en faction.... Lorsqu'on lui prouve que son salut est à ce prix, elle répond qu'elle aime mieux la bataille et, sûre avec raison de la gagner, elle se désarme pour l'attendre. Mais elle succombe dans un guet-apens imprévu, et le 24 février proclame la République, parce que les défenseurs de la Monarchie, étant trop forts pour s'alarmer d'une attaque à ciel ouvert, n'avaient pas même placé une sentinelle pour crier *à moi d'Auvergne !*

Que cette terrible leçon nous profite autant qu'elle nous donne d'humiliation et de remords ! Que le spectacle de la France, tombée en de pareilles mains et se débattant encore pour sortir de leur étreinte, nous donne la force de veiller sans relâche et de prouver qu'elle est aussi prête à vaincre l'insurrection qu'à châtier toute surprise.

XXIII

De la force du droit et du droit de la force, ou de la Restauration, du droit divin dans l'ordre social et du droit national dans l'ordre politique, par M. le Duc de Valmy.

Nous sommes en retard avec M. le Duc de Valmy. Nous le confesserions avec plus de regret, si son ouvrage n'était que l'éphémère production de quelque circonstance fortuite. Mais son livre est un livre de principes, et nous avons pris notre temps pour l'étudier. Les œuvres d'une telle nature et d'un tel auteur méritent tous les égards, et le premier que leur doive la critique, c'est d'être sérieuse et approfondie.

Le sujet de l'ouvrage de M. le Duc de Valmy est l'exposé et l'analyse de l'état actuel de la société; son but, le rétablissement de l'ordre. En d'autres termes, il montre les inconvénients, les vices, les malheurs, les impossibilités et le despotisme fatal de l'état démocratique, et leur oppose, l'histoire à la main, les avantages, la grandeur, la stabilité, les libertés de la Monarchie. C'est la question entière des révolutions modernes, soumise à l'expérience et à la raison des siècles; question brûlante, que dix-huit années de la plus glorieuse prospérité semblaient présenter comme la dernière à

(*) Indépendant de la Moselle, 21 juin 1850.

discuter seulement entre deux Dynasties et à résoudre
par le temps, qui déciderait s'il avait fini, suspendu
ou recommencé la légitimité de nos Rois; mais, pour
M. de Valmy, question abstraite de principes absolus,
dont la violation a produit toutes les calamités sociales
et politiques, qui désolent si cruellement la France.

La question aussi nettement posée, comme passé et
comme avenir, M. de Valmy la traite avec une vigueur
de conviction et une modération de langage également
remarquables. Il ne s'adresse point aux partis; son livre
n'emprunte aux funestes événements qui viennent de
bouleverser les idées et le pays, que l'expérience dont
ils sont une cruelle leçon. M. de Valmy, dans cette
lutte de l'esprit moderne égaré par l'orgueil contre l'esprit ancien méconnu et dénaturé, est placé, pour être
juge indépendant et impartial, dans la meilleure situation; il n'a rien à envier, rien à regretter. Petit fils
de Kellermann, que la révolution de 1789 trouve Cordon
Rouge et Général, et que l'Empereur Napoléon fit Ma-
réchal de France sous le noble surnom de la première
défaite des Etrangers; fils du vaillant soldat qui, cédant
à l'audacieuse indiscipline de son courage, se précipita
avec ses quatre cents cavaliers sur les grenadiers du
général Zach et décida la bataille de Marengo par cette
héroïque témérité, M. de Valmy ne peut être animé
d'aucun ressentiment contre ce qui est tombé, d'aucune jalousie contre ce qui s'est élevé. Son blason n'a
écartelé que la gloire (*).

La liberté de son jugement est donc dégagée de ces

(*) M. le duc de Valmy appartient au département de la Moselle
par sa grand'mère, mademoiselle de Barbé Marbois, devenue madame
la maréchale Kellermann.

préoccupations personnelles, dont l'insurmontable influence ne s'exerce que trop sur les meilleurs esprits.
M. de Valmy a des convictions, point de passions. Il
a plus que des convictions, il a des principes, et les
principes sont la religion de la politique.

Ces principes, il les distingue en principes sociaux,
d'origine divine, applicables à tous les peuples et à
tous les temps, parce qu'ils ont pour objet de régler des
besoins impérieux et universels, et en principes politiques,
émanés seulement de l'expérience humaine ; les premiers, formulant les devoirs de l'homme envers son
semblable et les droits immuables et sacrés de la famille et de la propriété ; les seconds, facultatifs, con-
ventionnels, variables selon les temps et les lieux, selon
les besoins et les intérêts des peuples, mais soumis à des
règles tutélaires, dont les générations se lèguent la
souveraineté traditionnelle et respectée.

Lorsque les nations ont méconnu ces principes, en
subordonnant au libre examen, c'est-à-dire à l'infaillibilité trompeuse et absurde de la raison, les préceptes
que Dieu a mis dans nos cœurs avant de les écrire dans
ses lois révélées, les nations sont tombées dans la confusion religieuse et sociale. Les hérésies sont sœurs, et
quand les plus mauvais révolutionnaires de notre temps
ont osé dire *la propriété, c'est le vol*, ils ont été for-
cément conduits à compléter ce sacrilége par le sacrilége
plus grand : *Dieu, c'est le mal*. On ne peut nier les lois
divines sans en nier l'auteur, et si l'orgueil humain n'est
pas arrêté dès son premier pas, il marche et tombe
jusqu'au fond de l'abîme. Mais ce n'est pas l'humaine
raison qui peut former l'obstacle insurmontable. On n'ar-

rète pas le débordement de l'infaillibilité de la raison par les arrêts de cette même infaillibilité : l'anarchie n'éteint pas l'anarchie, elle l'excite. Il n'y a de barrière suffisante que celle que l'homme ne peut ni élever ni abattre ; le malheur des peuples, c'est de l'oublier.

Mais les lois politiques, abandonnées par la Providence à la sagesse humaine, ne cherchent pas dans le Ciel leur force et leur appui. Elles n'aboutissent qu'au contrat qui constitue le pouvoir, et, jusques ici, elles ne l'ont établi que sous deux formes : la *Monarchie* ou la *République*. La Monarchie, pouvoir souverain dans les limites des lois fondamentales, inviolable et sacré, personnifié dans une famille à laquelle la tradition nationale en a confié le dépôt héréditaire : la République, droit absolu de changer indéfiniment les dépositaires et la forme du pouvoir, car, dit la Constitution du 24 juin 1793, le *peuple a* TOUJOURS *le droit de revoir, de réformer et de changer la Constitution.*

Ici l'histoire apporte ses enseignements à la raison pour le choix entre ces deux formes de gouvernement. Qui ne les connaît ? Qui ne sait que, pendant huit siècles, la Monarchie des Bourbons, malgré les fautes qu'aucune institution humaine ne peut s'empêcher de commettre, n'a pas coûté à la France autant de larmes et de misères que la République pendant son passage de courte durée, pendant cette époque appelée la Terreur, pendant cette année stygmatisée à jamais du nom de 93...... et nous demandons pardon à la mémoire de nos Rois de l'involontaire outrage d'un tel rapprochement.

Il est vrai que toutes les Républiques n'ont pas été celle de Robespierre, et que la souveraineté du peupl

s'est exercée ailleurs par de moins terribles ministres.
Mais il l'est aussi que les Républiques du moyen-âge,
comme celles de l'antiquité, n'ont trouvé de salut contre
les emportements du principe électif, contre les discordes
civiles et les luttes sanglantes, que dans la création d'une
aristocratie ou d'un despotisme, et qu'elles n'ont eu que
des existences aussi courtes qu'agitées, tandis que les
Monarchies s'élèvent, se rétablissent, se perpétuent : la
force cède toujours ses droits. Des Républiques de 1848,
il ne reste que la République Française, et les acclamations populaires ont salué le rétablissement des trônes
qu'une démagogie nomade avait surpris et renversés.

Mais si l'histoire universelle, l'opinion et la préférence
des plus grands hommes, les raisonnements les plus
profonds démontrent que le meilleur gouvernement, celui
qui assure le plus le bonheur et la liberté des peuples est
la Monarchie, rien ne prouve aussi évidemment que le
dernier mot de la démocratie soit la République. Avec
le suffrage universel pour loi, le libre examen pour
raison, l'absolu pour but, le communisme et le socialisme pourront n'être aussi qu'une étape de la route
inconnue où les passions déchaînées conduiraient le
monde, privé de la lumière qui ne dépend pas d'elles.
Si, en effet, Rousseau a écrit : *La terre n'est à personne,
les fruits sont à tout le monde :* Babœuf est venu après
lui, disant : *la nature a donné à chaque homme un droit
égal à la jouissance de tous les biens;* après Babœuf,
Louis Blanc invente *le droit au travail,* puis Pierre
Leroux *sa triade,* Proudhon *l'anarchie en toute chose;*
puis viendra quelque fou, plus fou encore, qui tirera
de l'infaillibilité de sa raison, des créations ayant des
titres égaux à leur tour de bouleversements et de ruines.

» Les Philosophes païens, dit M. de Valmy, avaient
» parlé de liberté, mais ils avaient condamné la majo-
» rité de l'espèce humaine au plus dur esclavage ; le
» catholicisme, en promettant la liberté à tous, a su
» écrire la règle qui pouvait en conjurer les périls, car
» il a dit à l'homme : « Ne fais à autrui ce que tu ne
» veux pas qu'on te fasse à toi-même. » Le principe et
» la limite de cette liberté se trouvent à la fois dans
» cette maxime.

» La religion et la morale, dit Washington, sont les
» appuis nécessaires de la prospérité des Etats. En vain,
» prétendrait-il au patriotisme, celui qui voudrait ren-
» verser ces deux colonnes de l'édifice social. Le poli-
» tique, ainsi que l'homme pieux, doit les révérer et
» les chérir.

Ainsi la République, qui ne peut pas plus imposer
des lois à ses passions sociales, que des limites à ses
expériences politiques, est toujours le gouvernement de
l'inconnu. Ce ne fut jamais celui de la liberté. Ses annales n'ont point une page où le despotisme n'ait laissé
sa trace. La Grèce ne fut pas un jour libre et tranquille :
en deux cents ans, Rome eut deux cents dictateurs, et
qui nombrera les inquisiteurs d'Etat de Venise, et tous
ces petits bourreaux des républiques italiennes ? Qui
nous parlera de la liberté de la première république
française ? Enfin, dit M. de Valmy : « La République
» de 1848 compte déjà plus de jours d'état de siège que
» de jours d'indépendance, tant il est vrai que la li-
» berté porte toujours plus d'ombrage à un Gouverne-
» ment républicain, qu'elle ne peut en porter à un
» pouvoir monarchique. »

Inutile de dire, quelles sont les conclusions de M. le Duc de Valmy. Pour les faire triompher sinon aujourd'hui, mais au moins fructifier légalement pour un avenir prochain, il en appelle à tous les hommes d'ordre, il les convie à l'union, à une union sincère, sérieuse et féconde ; il leur parle le langage le plus élevé, le plus franc, le plus énergique ; il leur montre les plus nobles sentiments. Aussi n'est-il pas une main qui ne presse une main ainsi tendue ; pas un esprit droit qui n'accueille avec reconnaissance au moins de tels vœux et de si généreux efforts. Et lorsque le moment sera venu, pour notre malheureuse France, trop longtemps agitée par nos discordes, de discuter la forme de son gouvernement, de choisir celui qui convient le plus à son génie, à sa gloire séculaire, à la noblesse de ses traditions, à la grandeur de son avenir, l'ouvrage de M. de Valmy formera l'un des glus précieux éléments de la délibération nationale, et cette voix éloquente, courageuse, sincèrement chrétienne et noblement française, sera écoutée avec respect.

V.

XXIV

Lettre de Berlin (*).

(Cinquième.)

———————

Berlin, le 16 juin 1850.

Les affaires de l'Allemagne, monsieur, ont reçu la plus grande et la plus heureuse impulsion de l'entrevue de l'Empereur Nicolas avec le Prince royal de Prusse, et des conférences auxquelles ils ont daigné admettre le prince de Schwartzemberg. Vous connaissez les éminentes qualités de l'héritier de la couronne du grand Frédéric, l'amour du peuple et des soldats pour lui, la haîne dont les démagogues l'honorent, le dédain avec lequel il les brave ; vous savez que M. de Schwartzemberg, l'élève du prince de Metternich possède et justifie toute la confiance du jeune Souverain de l'Autriche. Ainsi la Russie, la Prusse, l'Empire, comme on disait autrefois, ont traité à Varsovie, et ces trois grandes puissances n'avaient pas seulement à régler la paix et la guerre, le commerce ou les frontières, ces négociations ordinaires des congrès, mais à accomplir la plus haute et la plus sainte mission des Oints du Seigneur, en ce monde : le rétablissement de l'ordre.

(*) Indépendant de la Moselle, 27 juin 1850.

Je vous ai dit que le Czar en fait la gloire de sa vie. Il le poursuivrait de toute sa puissance; aujourd'hui, ses conseils suffisent. Grâce à lui, l'Allemagne entière marchera dans la même voie et dans le même but. Elle va hâter le pas, car la crainte des luttes armées ne la retient plus. L'Empereur Nicolas, qui s'est montré si désintéressé dans la campagne de Hongrie, appelle guerre civile toute guerre dont le motif ne serait pas exclusivement la défense de l'ordre. Croyez bien qu'il ne sera pas tiré un seul coup de canon pour une autre cause. Le différend de l'Autriche et de la Prusse, dont la gravité n'a jamais été réelle que pour les Révolutionnaires qui la désiraient, a complètement disparu devant les explications de Varsovie, et depuis les conférences de Vienne, jamais les grandes puissances n'ont été plus unies, plus fortes et plus décidées.

Les plus graves résolutions ont été prises d'un commun accord, et ce que vous appelez en France le *Gouvernement représentatif* a été jugé définitivement. L'empereur Nicolas, qui apprécie avec une si admirable sagacité les événements et les hommes, repousse les idées révolutionnaires, moins assurément dans l'intérêt de sa puissance inaccessible à leur atteinte, que dans celui des peuples dont elle troublent le repos et détruisent les prospérités. Les hautes parties contractantes, chez lesquelles les essais parlementaires ont si mal réussi, en sont aussi dégoûtées par leur expérience, et des mesures promptes et énergiques ont été concertées; il faut, à tout prix, reconstruire le principe d'autorité, démoli depuis soixante ans et revenir à la réalité des bons Gouvernements. Les peuples heureux remercieront les Rois habiles.

Le premier résultat des conférences de Varsovie a été
le renvoi des Chambres saxones. Le ministère s'est montré courageux et le pays a battu des mains à l'expulsion
de ces avocats bavards et ignorants. L'électeur de Hesse
en a fait autant, le Wurtemberg est dans la même
intention. Ces brusques clôtures d'un parlage dangereux
produisent le meilleur effet parmi les populations, qui
espèrent retrouver, dans le calme et le repos, ce bien-
être que ne donnent pas une agitation révolutionnaire
et des droits trompeurs. La Prusse se dégoute de plus
en plus des chimères législatives de son Roi; mais elle
attend avec respect que ce Prince revienne lui-même
d'erreurs généreuses et que le coup de pistolet de la
démagogie, tiré par Sefeloge, dessille complètement ses
yeux. Frédéric Guillaume avait trop parlé de l'union
restreinte, de la primatie de la Prusse, de son agran-
dissement, de l'agglomération des petits Etats, pour
tourner aussi court. La réunion des Princes, présidée
par M. de Sydow, offrira le singulier spectacle de petits souverains discourant, par une condescendance trop
prolongée, sur des intérêts qui seront réglés ailleurs,
et cette Chambre brodée, aussi bien que le Parlement
ressuscité d'Erfuth, iront dire leur dernier mot à Francfort, en vertu de la nullité de leurs actes et de la va-
lidité des traités de 1815. En attendant, la liberté de
la presse vient d'être supprimée, à la grande satisfaction des honnêtes gens, et, d'ici à deux ou trois mois
cette mesure, étendue à toute l'Allemagne, sera suivie
de l'abolition des chambres et des élections, de la réforme des Universités, de la création d'un tribunal
politique, de l'organisation permanente d'une force
armée prête à réprimer partout les dernières tentatives

des révolutionnaires. Alors l'Allemagne redeviendra paisible et florissante

Ne croyez pas, monsieur, que l'annonce de ces mesures, en apparence si rétroactives, jette dans les esprits la moindre inquiétude. Sans doute, vos exemples ont causé, depuis soixante ans, un mal infini à l'Europe ; mais Dieu permet que le mal porte avec lui son remède. Si l'Allemagne a été entraînée par la *furia francèse* de vos idées révolutionnaires, elle a eu bientôt mesuré les désastres causés par ce torrent dévastateur. Elle● n'a donc pas tardé à se mettre au travail pour réparer les siens, et elle s'y livre avec d'autant plus d'ardeur que vous venez de lui apprendre ce que vaut l'énergie contre les révolutionnaires, qui n'ont partout que le charlatanisme du courage. On s'attendait ici à la prise d'armes, si bruyamment annoncée par les défenseurs quand même du suffrage universel. C'était un des cas prévus par le congrès de Varsovie, car vous avez le privilège d'être observés, sans hostilité, je vous l'ai dit souvent, mais aussi sans crainte. Des troubles en France auraient donc provoqué la réalisation de certaines mesures en Allemagne ; mais heureusement vos révolutionnaires se sont contentés d'un combat de paroles, et résignés à une défaite de scrutin. Cette déroute de la démagogie, due seulement à la fière attitude prise enfin par les honnêtes gens, a eu son contre coup de découragement parmi les champions qui, en Allemagne, combattent pour la même cause et avec la même vaillance. Les Rois peuvent donc, à votre exemple, sans avoir recours à leur dernière raison, réprimer l'anarchie par les lois ; il leur suffira, comme à vous, de se montrer prêts et résolus à accepter et à châtier toute attaque. Des lois donc, des lois seulement, puisque l'audace des révolutionnaires mise à l'épreuve n'est qu'une fanfaronnade, mais des lois sévères et définitives. La loi qui supprime la liberté de la presse produit déjà le meilleur effet, et de toutes parts, on réclame celles qui doivent compléter le système de la politique répressive. Ce sera le premier bienfait du rétablissement de l'ordre.

Vous ne sauriez imaginer les sacrifices de liberté que l'on trouve naturel de faire pour l'obtenir. Cette disposition des esprits est très-remarquable. Le peuple allemand dit que le premier de ses droits est le bien-être et que le meilleur gouvernement est celui qui le lui a donné le mieux. Il prononce ainsi la condamnation la plus nette des illusions démocratiques et réclame la stabilité monarchique, dont un demi-siècle d'expériences folles et désastreuses rappelle enfin les avantages et les principes. Il faut y revenir, au prix de ces droits dont la pratique aveugle et agitée n'a jamais produit que des malheurs et des déceptions. Les bons gouvernements sont les bonnes libertés.

Une de ces libertés que, dans votre jargon révolutionnaire vous appelez, je crois, une conquête moderne, vient d'être ouvertement mise de côté, sans que cet attentat liberticide, comme dirait un républicain, ait soulevé autre chose qu'une satisfaction générale. En France, les lois organiques du Concordat interdisent toute cérémonie extérieure du culte catholique dans les villes où les Protestants ont des temples. Il est naturel de penser qu'à plus forte raison, elles ne peuvent avoir lieu dans les pays où la grande majorité des habitants professe la religion réformée. Aussi, depuis des siècles, les portes des églises ne s'ouvraient que pour les fidèles, qui venaient y prier. Naguères, les deux battants se sont ouverts pour laisser 'sortir les croix d'or et d'argent, les bannières encensées de fleurs, le clergé en habits sacerdotaux, chantant les louanges du Seigneur et élevant le Saint-Sacrement au-dessus de la foule agenouillée autour de magnifiques reposoirs. C'était la Fête-Dieu célébrée publiquement à Berlin. Ce fait a une importance dont l'avenir expliquera bientôt l'heureuse signification ; n'en constatons aujourd'hui que les conséquences politiques ; elles sont immenses.

Veuillez, agréer, etc.

C.

XXV

Le citoyen Lamartine au Lazareth de Smyrne (*).

Le citoyen Lamartine, le père de la République française, son Orateur, son Historien et peut-être son Pénitent, a obtenu du Sultan une concession territoriale, et il est parti pour s'installer dans ce Dépôt de mendicité politique.

Nous savons bien ce que le chantre de la Royauté légitime, devenu le héraut de la démagogie, exporte de France avec lui : les malédictions du pays ! Mais nous voyons moins ce qu'il importe en Turquie pour expliquer et justifier le refuge royal si magnifiquement accordé à l'orgueil honteux de sa misère ou à l'effroi vengeur de sa conscience.

L'histoire nous montre souvent, dans les Etats agités surtout par les idées démocratiques, les plus grands citoyens réduits à s'expatrier et devenus l'objet d'une hospitalité généreuse et méritée. Mais le citoyen Lamartine n'en est pas à l'honneur de l'ostracisme et personne ne songe à le réhabiliter, en le punissant comme Aristide ou comme Scipion. C'est volontairement, humblement, qu'il s'éloigne d'une patrie, dont il est le fils ingrat et dénaturé, pour aller chercher, sous la

(*) Indépendant de la Moselle, 7 juillet 1850.

protection de la liberté turque, ces biens de la terre
que ne lui donneront plus les champs paternels, flétris
et emportés par l'ouragan républicain qu'il a lui-même
déchaîné. Ah ! si les aïeux, royalistes et chrétiens de
M. de Lamartine, se soulevant de leurs tombeaux qu'il
abandonne, pouvaient entendre les anathèmes dont il
est si justement poursuivi, et le voir partant pour la
terre de ces Sarrazins de leurs combats ou de leurs Lé-
gendes, ils retomberaient de douleur et de honte,
comme frappés cette fois par une mort plus cruelle.

Il s'en va donc, loin de cette France qu'il a tant
démoralisée par ses écrits, tant troublée par ses ver-
tiges anarchiques. Il s'en va, ce renégat du Roya-
lisme, tendre la main au Roi le plus absolu; il va
près de Troie, comme pour expier sur les lieux sa démence de s'être cru un Homère ; il va près de Ma-
gnésie, où Thémistocle aima mieux s'empoisonner que
de troubler sa patrie, qui l'avait proscrit. Le Républicain, le Poète, le factieux trouvera partout un bon
exemple et une leçon sévère, et la charité musulmane
occasionnera de cruels repentirs.

Mais comment sera-t-elle reconnue ? L'homme qui
put assez renier Dieu pour abjurer la fidélité jurée au
Roi, sera-t-il plus lié par sa reconnaissance envers le
successeur de Mahomet? Dans quelque nouvelle extase
de son orgueil, ne se croira-t-il point prédestiné à attacher aux flancs de la Monarchie qui l'abrite, le bran-
don d'une future révolution? Ne se persuadera-t-il pas
aussi qu'il plonge dans l'avenir de l'Orient, comme il
s'est imaginé le faire dans celui de la France, le 24
février, et ne voudra-t-il pas donner à son arrivée dans

un Etat despotique, la date et la gloire d'une nouvelle mission désorganisatrice ? Ne verra-t-il pas une semence de désordres à jeter, du haut de quelque selle de cheval, qu'il proclamera, comme à Paris, la plus belle tribune du monde, à tous ces étrangers qui écouteront avidement et qui traduiront aux nationaux ses grandes déclamations et ses funestes enseignements ? Une telle semence n'est-elle pas toujours et bientôt féconde ? Et ne suffit-il pas d'un agitateur, la surprise de 1848 ne le prouve que trop, pour bouleverser le pays le plus tranquille et le plus prospère ?

Tous les rêves sont possibles dans cet esprit agité par les images fantasmagoriques du plus incommensurable éblouissement de l'orgueil. Il a déjà eu la vision de l'effet produit dans l'Empire Ottoman par sa venue et des impressions dont son nom doit le remplir. Lady Stanhope n'avait pas seule remarqué la cambrure de son coude-pied, et la destinée de l'Orient, du Monde peut-être, le rappelle pour accomplir la mission que lui présage ce signe de son génie et de sa puissance. Banni de la France par la fortune, qui en l'élevant trop haut dans un jour de fatal aveuglement l'a fait trop voir et trop connaître, il n'a conservé de son rôle coupable que la folle pensée qu'il devait dominer partout comme il a eu le malheur de dominer au milieu des désastres dont il était l'auteur, et il s'attend à ce que l'Islamisme, surpris à son tour, recommence une hégire à la prédication de la Religion démagogique, dont il se croit aujourd'hui le Prophète.

Mais la prévoyance du Gouvernement turc aura calculé les conséquences de sa générosité, inexplicable pour ceux-là seulement qui n'en comprennent ni la

portée ni le résultat. En accueillant ces Emeutiers chrétiens, qu'ils portent jupons ou carmagnoles, qu'ils s'appellent le citoyen Lamartine ou la princesse Belgiosio,
il enseigne d'abord aux Rois de l'Europe, par une bienfaisance exagérée, son dédain pour ces échappés de l'anarchie, courant à l'hospitalité du plus absolu des monarques, et le cas qu'il faut faire de l'inflexibilité de
leurs principes républicains effacés par ses despotiques
largesses. Puis, il laissera au Lazareth de Smyrne à
faire son office de surveillance. Là s'arrêteront les criminels projets et les séditieux souvenirs ; là seront saisis les livres incendiaires, les drapeaux et les bonnets
rouges, les lyres qui résonnent pour le désordre et les
presses qui le propagent, au nom d'un *conseiller du
peuple* désormais réprouvé. Le corps, déshabillé du costume révolutionnaire, sera purifié comme l'esprit, et si
un mot, un geste, un désir échappait à la vigilance
sanitaire, il serait bientôt réprimé, en vertu de ce
pouvoir sans limites qui est la dernière protection si
servilement recherchée par les fauteurs des libertés radicales. Et voilà où aboutit le génie sans la raison,
l'ambition sans la sagesse et l'orgueil sans Dieu.

XXVI

L'assassin de la Reine Victoria (*).

L'état social , en Angleterre , est fondé sur des bases trop larges et trop solides pour qu'il redoute de long-temps , une surprise de la démagogie. Les lois comme l'opinion donnent au pouvoir la force qui protège les droits de tous ; et ces droits , vieux comme la Consti-tution , sont compris et respectés par le bons sens du peuple.

Mais l'Angleterre ne doit pas se dissimuler que tout s'use , même la pensée profonde et héréditaire du devoir, et que si l'autorité s'unit aux factions pour en détruire le prestige, le désordre des esprits produira, comme la mauvaise semence produit l'ivraie , le désordre dans les faits , et des révolutions en sont l'infaillible conséquence. Si le Gouvernement reste longtemps encore aux mains de lord Palmerston ; s'il continue à favoriser, à pro-voquer les troubles sur le continent et à récompenser, par une hospitalité aussi imprudente ; les mercenaires ou les complices qui se sauvent devant les justices qu'ils ont méritées ; si Londres devient le Pandémonium général des ennemis de la société , protégés , accueillis , entretenus, fournis d'armes et publiant leurs doctrines empoisonnées avec autant de sécurité que d'impunité , c'est se tromper

(*) Indépendant de la Moselle , 7 juillet 1850.

cruellement que de croire que leur influence se fera
sentir exclusivement aux lieux contre lesquels elle est
dirigée. Les écrits des citoyens Caussidière, Louis-Blanc,
Ledru-Rollin et des frères et amis des autres Langues
de la chevalerie démocratique, ne passent pas la mer sans
laisser quelques traces à leur point de départ : les mauvaises passions se comprennent partout. Et la traduction
anglaise des théories de nos montagnards a été un nouvel
attentat contre la reine Victoria.

Sans doute, il sera prouvé que Robert Pate est fou.
L'assassin du roi de Prusse est aussi sous cette excuse.
Mais il n'est personne qui ne sache, pour peu qu'il soit
au courant de la statistique et du régime des asiles d'a-
liénés, que presque tous ces malheureux ont une lucidité
complète pour certaines idées. Ainsi, Sefeloge et le
lieutenant anglais peuvent bien être atteints d'aliénation
mentale, et comprendre aussi lucidement que leurs pro-
fesseurs, l'exécrable avantage pour le désordre de l'assassinat des Rois. Et, après l'avoir commis, l'habileté
de leur avocat soutiendra que l'absence de la raison est
complète ; des jurés séduits, trompés ou faibles consa-
creront par leur verdict la vérité du mensonge ; l'accusé
sera disculpé sinon impuni, et *le tour sera fait*, selon
une expression fameuse. Ce sera le second contre la
Reine Vicioria. Quand les doctrines, dont son gouvernement encourage si ouvertement la propagation extérieure, auront suffisamment produit leur effet à l'intérieur
et suscité autant d'assasins que nous en avons vus contre
Louis-Philippe, alors peut-être l'Angleterre jugera que
le mal a fait assez de progrès, et les arrêtera avant un
24 février.

XXVII

Violation de la Constitution (*).

Lorsque la perspicacité des Républicains de la veille ou leur désespoir révolutionnaire a compris que la purification du suffrage universel serait la plus importante victoire de l'ordre sur l'anarchie, ils ont crié à la violation de la Constitution, et s'ils n'ont pas pris les armes pour défendre sa vertu montagnarde, ce n'est pas l'envie qui leur a manqué, c'est le courage. Mais ils ont beaucoup crié, s'ils n'ont pas combattu, pour conserver intacte ce qu'ils appellent leur légalité. Eux, ces insurgés permanents, ces ennemis de toutes les lois, ces démolisseurs de toute société civilisée, ils prétendent imposer le silence, le respect, la fidélité envers l'œuvre du citoyen Marrast, et quand on la régularise législativement, quand on la discute loyalement, quand, au lieu d'un impur amour de cabaret, on lui accorde une obéissance légale, ils crient toujours à la violation de la Constitution.

Ils le crient encore, à l'occasion de la nouvelle dotation du Prince-Président. En fixant à 600,000 francs seulement la première liste civile de la République, ils avaient glissé dans leurs motifs un mot à double sens pour justifier le tour de main par lequel ils au-

(*) Indépendant de la Moselle, 9 juillet 1850.

raient voté un supplément, si la France encore surprise avait élu leur candidat, le 10 décembre. Mais le double sens est autrement expliqué, aujourd'hui qu'ils sont hors du pouvoir et que chaque jour les en éloigne plus honteusement : aussi tous leurs scrupules légaux leur reviennent, et, puisque les finances de l'Etat ne paieront plus les orgies du provisoire, elles sont, à leurs yeux, détournées en violation de la Constitution.

Il est vrai que la majorité de l'Assemblée fait de ces gémissements constitutionnels un singulier cas, et que la France les traite plus singulièrement encore. L'assemblée passe à l'ordre du jour de l'ordre, la France à celui de ses prospérités. Toutes les fois en effet que la Montagne est vaincue dans ses œuvres, la France retrouve aussitôt du calme, de la sécurité, de l'avenir ; elle les perd instantanément, au premier succès de ces éternels ennemis de son bonheur. Leur triomphe la ruine, leur défaite la relève. S'ils ont quelques espérances possibles, le pays est dans la stupeur et tout s'arrête ; sont-ils vigoureusement comprimés, tout renaît à la confiance. Le pays ne vit évidemment que de l'espoir, non de ces violations contestées d'une telle Constitution, mais de sa prochaine et complète disparition. Ce jour, dont la date est fixée moins par la loi que par l'impatience universelle, mais ce jour seulement, notre salut sera assuré.

XXVIII

Lord Palmerston , sir Robert Peel et M. Guizot (*).

❧

La justice rendue par sir Robert Peel , que l'Angleterre pleure aujourd'hui , à la politique de Louis-Philippe
et à la conduite du gouvernement français , représenté
par M. Guizot , a effacé les accusations mensongères de
lord Palmerston. Le Roi des Français et son éloquent
ministre ont été noblement disculpés , et nous sommes
heureux que la vérité soit ainsi descendue de la tribune
même , où elle venait d'être si perfidement dénaturée.

Il est vrai que l'histoire avait déjà répondu. Elle avait
appris au monde la duplicité du ministre anglais , cher-
chant à faire monter un Cobourg sur le trône d'Espagne,
malgré les plus formels engagements envers la France.
Elle avait montré la diplomatie française , libre alors ,
mais assez modérée pour ne donner que la seconde des
Infantes à Mgr. le duc de Montpensier, tandis que la
Reine-Mère et le ministère espagnol demandaient le jeune
prince pour Isabelle même. La sagesse qui avait refusé
le trône de Belgique pour le duc de Nemours , refusait
la Royauté des Espagnes pour un autre Philippe V. La
France ne voulait pas que son ambition servît d'aliment
ou de prétexte aux rivalités des Rois ; elle était libre et

(*) INDÉPENDANT DE LA MOSELLE, 9 juillet 1850.

prospère ; sa grandeur lui suffisait; les peuples heureux forment les pactes de famille les plus durables.

Mais ce n'est pas seulement l'histoire qui réfutera les allégations de lord Palmerston ; ce ne sont pas même les discours de M. Guizot, répondant à l'opposition qui soutenait alors, comme aujourd'hui, la duplicité britannique contre la loyauté française. La République de 1848, cette œuvre collective de nos démagogues et de lord Palmerston, a surpris et publié les lettres privées du Roi Louis-Philippe, et personne n'a oublié les termes dans lesquels était expliquée cette affaire des mariages espagnols. On se souvient que les journaux les plus républicains furent forcés de reconnaître la loyauté exagérée avec laquelle la France avait parlé et agi. Ce fut même un étonnement général, tant l'opposition avait calomnié le·monarque et son grand Ministre, tant elle était parvenue à faire douter du sentiment le plus français, la franchise. Aujourd'hui, l'éloquence, l'habileté, la droiture de M. Guizot, sont célébrées par sir Robert Peel qui le félicite de son courage. M. Guizot est vengé de lord Palmerston.

Mais quels regrets doivent inspirer les paroles de lord Palmerston à ceux qui le soutenaient en 1846! quels remords ne feront pas naître ses éloges, quelle honte ne rappelleront pas ses manœuvres appuyées et les vengeances partagées de son orgueil déçu? Pour-quoi la longanimité trop magnanime du Roi n'a-t-elle puni, que par les admirables accents de l'éloquence de M. Guizot, cette conspiration de Cellamare!

XXIX

Encore la Catastrophe du **24** février (*).

—⁕—

Nous n'avons pas oublié les fureurs de la Montagne lorsque M. Thiers appela FUNESTE la journée du 24 février 1848. Il fut insulté, menacé, presqu'assailli ; l'un des *frères et amis* s'écria qu'il prenait *bonne note* de cet outrage à la Révolution ; la bonne note est en réserve pour le prochain 93.

Naguères M. Monet a osé dire, à la tribune, que ce n'était pas le peuple qui avait fait la révolution du 24 février et que la République ne datait que du 4 mai.

Mais les Républicains de la veille viennent d'être exposés à un mécompte bien autrement cruel, à une désillusion républicaine bien autrement accablante. Un ministre, le garde des sceaux, le chef de la justice, le premier des magistrats chargés de veiller à l'honneur de la République et de réprimer toute atteinte à sa considération, M. Rouher, en un mot, a flétri l'œuvre des Montagnards, du haut de la tribune, en leur jetant ces mots aussi vrais pour nous que terribles pour eux : LE 24 FÉVRIER A ÉTÉ UNE CATASTROPHE.

Honneur à M. Rouher !

(*) INDÉPENDANT DE LA MOSELLE 15 juillet 1850.

Oui, le 24 février a été une catastrophe, une catastrophe inouïe dans l'histoire, une catastrophe dont
la surprise et la honte seront également incroyables
pour la postérité.

En ce jour à jamais funeste, quelques hommes, dont
le citoyen CHENU a livré les noms et la vie au dégoût
public, ont renversé toutes les prospérités de la France ;
ils ont tout atteint, tout flétri, tout ruiné : commerce,
industrie, agriculture, fortune de l'Etat et fortune privée, beaux-arts, gloires, richesses, qu'est-ce qui n'a pas
souffert ! Le drapeau même de l'armée n'a-t-il pas été
chassé de Paris ? Ils n'ont reculé devant aucune misère,
devant aucun attentat. Et ils se sont éteints, eux et leur
Gouvernement provisoire, dans les massacres de la guerre
civile. Des ruines et du sang ; est-ce une CATASTROPHE ?

Et ces ruines et ce sang, demandez aux Hongrois, aux
Italiens, aux Allemands, si leur part en a-été assez
large ; leurs malédictions, contre ceux qui la leur ont
faite, vous répondront que jamais ils n'avaient dû pleurer, eux ou leurs ancêtres, une pareille CATASTROPHE.

Et ce 24 février, commencé par le désordre, le pillage, l'incendie, l'assassinat du boulevard des Capucines, fini par les pontons et l'état de siège, qu'a-t-il
même produit pour ceux qui l'ont accompli ? Où sont-
ils ? Que sont-ils devenus, que deviendront-ils depuis que la lumière est faite sur leurs personnes ? Que
sont aujourd'hui les citoyens Lamartine, Marrast, Caussidière, Crémieux, Flocon et les autres ? Ils sont les
condamnés de la justice du pays ou le rebut de sa
politique. Leurs repentirs ou leurs mécomptes n'appel-
leront-ils pas aussi le 24 février une CATASTROPHE ?

Oui c'est une grande catastrophe, car si l'on n'appelait pas ainsi le 24 février, si les malheurs qu'il a produits n'avaient pas cette date, le 24 février serait le plus dégoûtant mardi gras.

XXX

Lettre de Berlin (*).

(SIXIÈME.)

———

Berlin, le 10 juillet 1850.

Je n'ai pas la prétention d'être prophète, Monsieur, et cependant j'éprouve quelque satisfaction à constater avec quelle justesse s'accomplissent les événements que je vous annonce. Dans ma dernière lettre, du 16 juin, je regardais comme prochaine la dissolution des chambres dans le Wurtemberg et vous voyez que mes renseignements étaient fondés, puisque cette mesure a eu lieu le 3 juillet. Le ministère a donné sa démission, le Roi l'a acceptée et la Chambre est partie, sans que le pays ait exprimé le moindre regret. Loin de là; l'énergie du gouvernement Wurtembergeois est partout applaudie et l'on rend d'universelles actions de grâces au Roi d'avoir ressaisi vigoureusement son autorité. Voilà notre véritable liberté, m'écrit-on de plusieurs villes, et entr'autres de Tubingen, où l'esprit public s'améliore, malgré la turbulence démocratique des étudiants de l'Université. Les Universités allemandes, je vous l'ai déjà dit, sont un foyer de mauvais principes et de mauvaises passions, et l'un des besoins les plus urgents de l'ordre, est de les réformer profondément.

Ainsi, Monsieur, partout, en Allemagne, s'en va ce régime représentatif, dont on avait fait la révolution en

(*) INDÉPENDANT DE LA MOSELLE, 15 juillet 1850.

permanence. L'Autriche, la Prusse, la Saxe, la Hesse, le Wurtemberg s'en sont délivrés aux applaudissements des peuples désillusionnés et reconnaissants; les Etats où des *tribunes nationales*, comme disent les républicains, sont encore debout, ne tarderont pas à les renverser. On est fatigué de cette escrime de langues d'avocats vains et bavards, qui s'imaginent pouvoir parler sur tout et régler le sort des peuples, parce que des électeurs plus ignorants encore les ont improvisés législateurs. Il faut que tous ces Solons Montagnards, tous ces Gracques de campagne redescendent pour toujours dans leurs estaminets et laissent à des mains plus dignes et plus capables les rênes politiques qu'ils avilissent.

C'est surtout dans les conférences de Varsovie qu'a été formulée la clôture de ces fantastiques débats parlementaires, où résonnent si dangereusement les fausses théories et les excitations insurrectionnelles. L'empereur Nicolas, qui connaît et qui juge si bien l'état et les besoins réels de l'esprit public, n'a pas eu de peine à convaincre le Prince royal de Prusse que le véritable peuple repousse l'instabilité d'un pouvoir suspendu aux lèvres d'un orateur plus ou moins habile. Il l'a conduit dans son Empire, où il a vu les Russes heureux accordant à leur souverain autant d'amour que d'obéissance, parce qu'en le vénérant comme le principe de l'autorité, ils la font descendre parmi eux et apprennent à la respecter dans la société et dans la famille. La Monarchie, c'est l'ordre à tous les degrés, dans tous les faits, dans tous les esprits.

En quittant Saint-Pétersbourg, le Prince royal de

Prusse, vous le savez, s'est rendu à Londres. Le but apparent de son voyage était le baptême du dernier fils de la Reine Victoria; mais de plus graves intérêts s'attachent à sa présence en Angleterre. L'Allemagne est à peu près définitivement délivrée des folies démagogiques, dont votre surprise de février lui avait fait sentir le contre-coup. Nous ne craignons pas à Berlin le renouvellement des scènes du 12 mars 1848. L'émeute, impossible dans la rue, s'est réfugiée dans les sociétés secrètes et vient de manifester son existence et son but par le régicide de Sefeloge. Le foyer de ces sociétés secrètes est connu, mais n'est point assez surveillé. Les Souverains accusent lord Palmerston d'avoir pris à sa solde cette réserve des révolutions, et le Prince royal de Prusse a la mission de savoir le dernier mot du gouvernement anglais, de lui dire celui des grandes Puissances, plus que jamais unies et résolues à poursuivre partout les hommes du désordre. Il faut que l'Angleterre enfin renonce à susciter et à entretenir, sur le continent, ces agitations, dont la politique wigh soudoie les fauteurs, quand ils conspirent ou agissent, et les abrite sous une hospitalité menaçante, lorsqu'ils sont vaincus et chassés. Lord Palmerston fait jouer depuis trop d'années ce rôle révolutionnaire à la monarchique Angleterre, et les avertissements catégoriques du Prince royal de Prusse auront, pour prouver à ce déplorable ministre qu'il est temps de s'arrêter dans cette voie fatale, une sanction immédiate dans l'attentat commis contre la Reine Victoria. L'esprit démagogique paie les faveurs suspectes, dont il est l'objet, en monnaie démagogique, et c'est de la part de lord Palmerston une erreur, je devrais dire un crime, de croire qu'en l'accueillant, qu'en l'encourageant, qu'en le concentrant, l'Angleterre sera toujours préservée de son influence et de ses coups. Les écrits, les menées, les complots des Montagnards de tous les pays, prenant ou renvoyant à Londres leur mot d'ordre, doivent prouver surabondamment le danger de les recevoir, sans leur ôter les moyens de nuire, pour le pays même qui leur donne un asile si imprudent ou si coupable. La reconnaissance des révolutionnaires, c'est une révolution.

La voix du Prince royal de Prusse sera entendue, parce qu'elle est l'écho des conférences de Varsovie et de Pétersbourg. L'ordre, tel que les Rois et les peuples veulent le rétablir, parlera par sa bouche, et l'opinion publique en Angleterre en sera vivement impressionnée. Elle ne voudra pas être exclue de cette ligue générale des États allemands pour soutenir un ministre qui la perd en l'isolant, et qui ferait peut-être bientôt sonner pour elle l'heure des révolutions. L'Angleterre n'oublie pas le dommage qu'elle a éprouvé, dans son commerce, de la fière conduite de l'Espagne, chassant un ambassadeur factieux; elle vient de recevoir une leçon sévère de votre Gouvernement, au sujet des affaires de Grèce et de la piraterie de ses diplomates; l'Empereur de Russie lui a défendu de réclamer par les armes les indemnités que lui devait le Roi de Naples, pour avoir courageusement expulsé de la Sicile les Anglais de lord Minto; la Prusse ne s'émeut pas des menaces d'abandon du roi de Hanôvre. Ainsi l'Angleterre voit partout sa puissance amoindrie et ses intérêts compromis. Il est impossible qu'elle ne veuille pas remonter à son rang parmi les nations du continent. Le vote de la chambre des Lords, celui des Communes en sont le témoignage,

et la chute de lord Palmerston, précipitée par le besoin de coordonner partout les mesures du rétablissement complet de l'ordre, est inévitable et prochaine.

Alors les révolutionnaires n'auront d'appui nulle part.
Réduits à combattre l'armée de l'ordre ou à affronter
les justices qui le défendent aussi, ils n'oseront plus
tenter de surprises, parce que leur courage ne comp-
tera plus sur un refuge. Ils auront peur, quand ils
sauront qu'il faut sérieusement exposer sa vie pour ses
principes, et qu'il n'y a plus de vasistas au Conservatoire. Ils l'ont prouvé dans votre discussion de la loi
électorale : ils n'ont pas soufflé mot, parce qu'ils savaient que le général Changarnier était prêt. L'Allemagne est également résolue, et cela suffira contre ces
aventuriers d'émeutes qui, s'ils échappaient à une sanglante répression, iraient, sans espoir de retour, dans
quelque lointaine Nouka-Hiva. C'est donc en sécurité
que nous allons travailler au rétablissement définitif
de l'ordre. Aussi l'Autriche licencie 80,000 hommes,
la Prusse et le Danemark signent la paix ; les Princes
allemands se rapprochent et chassent les Assemblées dé-
libérantes ; la Russie appuie toutes les mesures d'ordre
par ses conseils et par son concours puissant et désintéressé ; la France s'éloigne de plus en plus des idées
de son Février maudit : encore quelques jours et quelques efforts, et l'Allemagne, réhabilitée dans son honneur et dans ses prospérités, n'aura plus que pour
l'histoire la honte d'avoir subi le joug de pareils ba-
teleurs et d'avoir pu croire même à leur audace.

Veuillez agréer, etc.

C.

XXXI

A M. Chenard de Mazières, rédacteur en chef de l'Indépendant de la Moselle (*).

—⊶⊷—

Chelaincourt, le 20 juillet 1850.

Monsieur,

La nouvelle loi sur la presse périodique impose, aux Défenseurs de la Société, des devoirs que vous avez déjà définis et acceptés avec cette netteté de vues que vos amis aiment à retrouver chez vous, dans toutes les occasions. Les abonnés, de plus en plus nombreux, de L'INDÉPENDANT, savent que vous ne reculerez devant aucun de ces devoirs. En combattant pour les principes de la religion, de la famille, de la propriété ; pour l'union des partis de l'ordre ; pour la grandeur et la stabilité du pouvoir ; pour le retour de la prospérité publique, vous trouvez dans votre conscience la récompense la plus recherchée et la plus digne des bons citoyens.

Vos amis, Monsieur, ne vous feront pas défaut. Lorsque vous vouliez bien ouvrir les colonnes de votre journal à des articles, où ils ne mettaient souvent que du zèle, vous en assumiez la responsabilité. C'était pour eux un regret, qui a quelquefois arrêté les inspirations de leur dévouement. Ils n'auront plus aujourd'hui ces scrupules de leur reconnaissance. Nous ne serons pas gênés par une signature anonyme portant toujours votre nom. Nos

(*) INDÉPENDANT DE LA MOSELLE du 25 juillet 1850.

œuvres seront les nôtres, et la communauté de sentiments n'imposera plus à la trop bienveillante condescendance de votre amour-propre, une rédaction qui pourrait être un sacrifice de votre esprit.

Je sais combien ces considérations personnelles sont secondaires pour vous, Monsieur, combien elles doivent l'être pour nous tous, occupés, avec le seul orgueil de l'émulation, des grands intérêts de notre malheureux pays. Il n'y aura effectivement rien de changé entre nous, si ce n'est que les lecteurs sauront plus exactement quelles sont les voix qui s'élèvent, avec la vôtre, pour coopérer au rétablissement de l'ordre et qui poursuivent ouvertement de leurs accusations aussi vives et de leurs attaques aussi constantes et aussi justifiées, les principes et les hommes de l'anarchie.

Nous n'avons jamais eu la faiblesse ou le besoin de nous cacher, même derrière vous, Monsieur, pour écrire ce que nous dictait notre amour de l'ordre, du pays, de la vérité. Nous l'avons signé souvent ; nous aurions désiré le signer toujours. Nous acceptons donc, sans regret, les prescriptions de la loi, en nous flattant de l'espoir que nos amis n'auront pas besoin de lire notre signature pour reconnaître et approuver nos opinions et notre langage.

Nous voulons ce qu'ils veulent ; nous croyons l'exprimer fidèlement. Comme eux, comme vous, comme tous les honnêtes gens, nous gémissons profondément des malheurs répandus sur la France et sur l'Europe par la catastrophe de Février. Et pour avoir l'honneur de contribuer à les réparer, nous ne savons aucun effort qui nous coûte, aucune crainte qui nous préoccupe, aucun sacrifice qui nous gêne ou nous décourage.

Nous avons la confiance que la France se relèvera, se relèvera bientôt, de la honte et des calamités que lui a infligées la plus inattendue et la plus funeste des révolutions. Chaque jour elle fait un pas sur la route du retour à l'ordre intérieur ; chaque jour elle redresse un peu plus son front, si courbé devant l'étranger par les Républicains de la veille. Le moment n'est pas éloigné où ses souffrances et ses repentirs auront appaisé la colère du Ciel, et Dieu fermera les abîmes où nous étions si misérablement entraînés. Alors l'histoire seule sera flétrie par le souvenir d'une telle surprise, de sa durée et de ses désastres. Elle paraîtra raconter des temps fabuleux de démoralisation publique, et la biographie, naguère dévoilée, des aventuriers de Février, sera un abaissement incompréhensible pour la Grande-Nation, qui a pu en subir, un seul jour, la victoire et les orgies. Il faut que cette page à jamais déplorable de nos annales, précédée par le récit de tant de prospérités méconnues la veille, soit suivie et effacée par une page des prospérités du lendemain plus grandes et mieux gardées ; et celles-ci, dues à la sagesse, à la modération, à la conciliation de tous les honnêtes gens, seront la revendication de leur dignité, de leur force et de leur gloire. Et les hommes qui se sont dévoués à cette revanche de l'ordre, seront soutenus, dans les épreuves qu'ils auront à traverser, par la satisfaction intime d'avoir rempli leur premier devoir en combattant, n'importe à quel rang de bataille, pour le triomphe de l'ordre et pour le bonheur de leur patrie.

Veuillez agréer, etc.

VIDAILLAN, *ancien préfet.*

XXXII

Congrès révolutionnaire (*).

———◦◦◦———

Le rétablissement de l'ordre fait partout des progrès. Plus on s'éloigne des principes, des hommes et de la date de Février, plus la prospérité publique semble renaître et s'appuyer sur des bases solides et durables. Si les mugissements de l'anarchie ne se faisaient entendre quelquefois, ou si les honnêtes gens étaient assez résolus pour mépriser les espérances et les désespoirs des ennemis de la société, le pays ne tarderait pas à voir disparaître les derniers vestiges de ses hontes et de ses calamités.

Mais la lutte n'est pas finie. Ce serait une faute de croire qu'elle le sera de longtemps. Les ennemis de la société n'ont pas mis bas les armes. Un jour, vainqueurs par une surprise, ils comptent sur le même hasard et la même audace. Les malheurs dont ils ont couvert le pays, ne leur inspirent aucuns remords ; les positions qu'ils ont été incapables ou indignes de conserver, leur donnent seules des regrets : leurs principes et leur ambition n'ont jamais été que des appétits.

Ainsi, la défaite, les pontons, l'exil, les malédictions de la France ne découragent pas leur amour du désordre. Le spectacle de la prospérité revenue malgré eux, excite leur ardeur révolutionnaire, comme les

(*) Indépendant de la Moselle du 31 juillet 1850.

banderolles rouges rendent furieux au combat les tau-
reaux espagnols. Il leur faut des malheurs et des ruines.
Entre la montagne et la société, c'est une lutte à
mort... non, lorsque la société le voudra, ce ne sera
jamais qu'une criaillerie misérable et une déroute ridicule.

Mais s'ils désespèrent de triompher encore par une
surprise; s'ils ont le souvenir des leçons qu'ils ont re-
çues et la frayeur·des leçons plus sévères qui leur sont
préparées, les révolutionnaires en chef n'en essaient pas
moins d'entretenir le trouble et l'agitation dans tous
les pays qui leur offrent une dupe ou un complice. Ils
leur adressent des livres, des journaux, des projets, des
plans, des statuts; la propagande socialiste revêt toutes
les formes. On annonçait naguère l'œuvre périodique
des Rois des Rois de l'anarchie, de Kossuth, Mazzini,
Ledru-Rollin et autres, et voilà que le *Proscrit,* tombé
sous la main de la justice, n'inspire de regrets qu'aux
honnêtes gens, qui auraient voulu pouvoir faire lire et
apprécier partout de pareilles doctrines et des espérances
aussi monstrueuses.

Aujourd'hui, l'on annonce un Congrès. Lorsque les
montagnards cosmopolites auront trouvé une ville neu-
tre, qui offre à leurs personnes une sécurité complète,
ils se réuniront, disent-ils. Nous ne le croyons pas,
mais nous le voudrions. Nous demanderions que des
sténographes fussent envoyés à ce sabbat de la démagogie, et que le compte-rendu fidèle des séances fût
obligatoire pour tous les journaux démocrates de l'Europe.

On y lirait que dans une salle tendue en cramoisi,

le buste de Robespierre, relevé d'une auréole d'immortelles, était surmonté par le drapeau rouge que M. le
marquis de Lafayette fit mitrailler au Champ-de-Mars
et qu'un patriote du temps avait précieusement conservé.
A côté, pendait celui que M. Arago revendique, contre
le citoyen Lamartine, l'honneur d'avoir expulsé de l'hôtel-de-ville, en février. Vis-à-vis le buste de M. de
Robespierre est celui de Marat; à droite et à gauche,
les portraits des grands Républicains, St-Just, Hébert,
Couthon, Samson, Collot d'Herbois, Fouquier-Tinville,
Ledru-Rollin, Caussidière, Lamartine, Victor Hugo,
Louis Blanc, Albert, Flocon et quelques autres moins
illustres. Le Président, armé d'un triangle en guise de
sonnette, est coiffé du bonnet que portait Danton, lorsqu'il justifia l'immortelle journée des massacres du 2
septembre ; c'est une des plus attrayantes reliques ex-
humées du trésor républicain. L'assemblée écoute les
rapporteurs des différentes nations. La nation romaine,
dit l'un, oublie les bienfaits dont elle fut comblée par
la République réveillée sous les auspices des Gracques
et de Mazzini, et dont le premier fut l'assassinat du
comte Rossi et la fuite du Pape. Il faut pleurer sur un
peuple qui préfère le bien-être de la paix et le repos
d'un gouvernement paternel et légitime, aux convulsions
et aux désastres qu'apportent avec eux des étrangers qui
l'ont momentanément asservi. L'assemblée adopte ces
conclusions.

La nation allemande, qui semblait entrer largement
dans la voie républicaine par l'assassinat du général de
Latour à Vienne, du prince Lichnosky et M. d'Adels-
ward à Francfort, par le régicide de Berlin, par la guerre
de Hongrie, par l'insurrection de Vienne, de Bade, de

Stuttgard, de Dresde, par les clubs partout ouverts et fréquentés, la nation allemande, dit le second rapporteur, se déshonore aujourd'hui par son esprit réactionnaire, par son amour passionné de l'ordre, par sa fidélité plus profonde envers ses Rois, par la haine plus menaçante contre les démagogues de toute espèce et de toute couleur ; elle est à jamais perdue pour la République. Et ces derniers mots du rapport excitent une douloureuse sensation parmi les frères et amis, qui se couvrent de leurs bonnets rouges en signe de deuil.

Le rapport sur la nation française est plus désespérant encore, et un illustre Montagnard allait lire celui qu'il avait fait sur la décadence de l'Angleterre, lorsque la police...

Nous avons lu dans un journal que le club des réfugiés de Londres venait d'être fermé par ordre de l'autorité, enfin réveillée...

XXXIII

Les Montagnards en Prorogation.(*)

L'Assemblée nationale est arrivée au second entr'acte
de sa session parlementaire, et les représentants, libé-
rés pour trois mois, vont recueillir dans leurs départements, les témoignages de la sympathie ou de la répulsion due à leur conduite politique. Le drame du
palais Bourbon s'éparpille en scènes cantonales, où les
électeurs auront la réplique de l'éloge ou du blâme.

Nous savons bien comment seront reçus, par les
honnêtes gens, ceux de leurs mandataires qui ont résolument travaillé à réparer les désastres causés par la
catastrophe à jamais déplorable de Février ; mais nous
ne sommes pas aussi certains de l'accueil que les *frères
et amis* préparent aux citoyens Montagnards.

Ces ligueurs de l'anarchie ne se sont illustrés ni par
l'éclat de leurs triomphes ni par le courage qui ennoblit les défaites.

Aucun triomphe n'a couronné leurs efforts démagogiques. Toutes les propositions émanées de l'initiative
républicaine de la veille, ont été repoussées par un dé-
daigneux ordre du jour ou flétries par la question
préalable. Le bon temps de la Constituante est irrévocablement passé ; le *National* ne règne pas et ses volontés ne deviennent pas instantanément des lois, on

(*) INDÉPENDANT DE LA MOSELLE, 10 août 1850.

peut même reconnaître qu'il ne gouverne plus que dans les situations, trop nombreuses encore, où il a maintenu ses adeptes, en les autorisant à dissimuler ses principes. Mais si cette hypocrisie soutient l'espoir de quelque surprise, elle ne dicte pas les firmans de 1848, et nous n'avons pas souvenir d'une seule de leurs propositions, si multipliées, si bruyantes, si démocratiques pourtant, qui ait été votée en 1850.

Il sera donc court le chapitre triomphal de leurs succès législatifs. Et lorsque, paradant sur les tréteaux de quelque club clandestin où, l'an dernier, des badauds démagogues applaudissaient à leurs prouesses anticipées et saluaient leur départ comme l'espoir d'une révolution mieux entendue, ils seront réduits à confesser l'impuissance de leurs fanfaronnades avortées si misérablement ; ils ne pourront pas trouver le moindre anniversaire pour monter au capitole et rendre grâce aux dieux de la République démocratique et sociale ; ils n'ont pas vaincu l'ordre un seul jour !

Mais aussi ils pourront s'étendre plus longuement sur leurs défaites ; leur martyrologe sera long et significatif. Leurs idées, c'est-à-dire leurs folies démocratiques, ont été tellement refoulées qu'ils ont jeté leur cri d'alarme en faveur de la Constitution, l'inattaquable citadelle de leurs principes, et que ces observateurs scrupuleux des lois établies, en ont appelé à la France de la violation prétendue de l'œuvre immaculée du citoyen Marrast. Ils en ont appelé à la France de la loi qui interdit, en violant le pacte fondamental de Février, ces honnêtes réunions où les doctrines et les exemples de 93 étaient enseignés et glorifiés ; ils en ont appelé à la France, toujours comme violation, de la Constitution, et de la loi qui épure le suffrage universel, et de la loi qui réprime les licences de la presse, et de toutes les lois qui ramènent l'ordre dans les faits, la confiance dans les esprits, la sécurité, le repos. Il est vrai que la France n'a tenu nul compte de ces désespoirs constitutionnels, dont elle connaît le mensonge et la perfidie. Au contraire, plus sont grandes de pareilles clameurs et plus la prospérité revient, plus le calme renaît, plus le crédit se rassure, plus le travail se multiplie. Plus la défaite de la Montagne est complète et constatée, et plus le salut du pays est assuré.

Une telle impuissance à l'Assemblée, une répression si croissante de la part des populations désillusionnées, sont sans doute pénibles à avouer devant les obstinés de la sociale. Il faudra bien cependant s'y résoudre, le peuple souverain a droit à un compte-rendu fidèle. Mais s'il reconnaît que ses délégués les plus intrépides, n'ont pu encore conquérir et détruire la société ; s'il ajourne le châtiment républicain des Généraux vaincus, c'est qu'il attend le récit consolant des grands coups de ses Paladins et il pardonnera le courage malheureux.

Non, ils n'ont combattu qu'avec des vociférations et des outrages, inconnus avant eux. Ils ont apporté dans la chambre, des mœurs, des paroles, une tenue dont aucune assemblée d'honnêtes gens n'avait encore subi le scandale. Et lorsque l'indignation épuisée cherchait un coupable pour exercer sa justice, ils masquaient leur figure ou faussaient leurs voix pour n'être pas reconnus et sauver leurs vingt-cinq francs ; ils n'ont eu que ce courage ; l'histoire dira un autre mot.

XXXIV

Lettre de Berlin (*).

(SEPTIÈME.)

~~∽⌀⌀⌀⌀∾~~

Berlin, le 5 août 1850.

Vous n'avez peut-être pas oublié, Monsieur, que, dans ma dernière lettre, en vous expliquant l'importance de la mission du Prince royal de Prusse, qui avait ac compagné l'Empereur Nicolas en Russie et qui s'était rendu ensuite auprès de la Reine Victoria, je vous disais qu'il voulait *savoir le dernier mot du Gouvernement anglais et lui dire celui des grandes Puissances, plus que jamais unies et résolues à poursuivre partout les hommes du désordre.* J'ajoutais, si j'ai bonne mémoire, que *la voix de notre Prince Royal serait entendue, parce qu'elle est l'écho des conférences de Varsovie et de St-Pétersbourg.*

Je ne me trompais point: lord Palmerston a compris les paroles d'un ambassadeur aussi extraordinaire, et vous avez vu que le club des réfugiés français venait d'être fermé à Londres par ordre du Gouvernement. Les journaux ministériels, en donnant cette nouvelle, ont parlé de la violence des discussions de vos concitoyens, de leurs doctrines socialistes, du danger d'une telle pro-

(*) INDÉPENDANT DE LA MOSELLE, 16 août 1850.

pagande. Le ministre s'est exécuté sans ménagements pour ses amis les Révolutionnaires, et sa dextérité politique du lendemain a fait des dupes de ses compères de la veille.

Lord Palmerston ne pouvait agir différemment, dans la situation où il se trouvait si imprudemment engagé. La Chambre haute l'attaquait; celle des Communes ne le soutenait que par une faible majorité; la France rappelait son ambassadeur; la Russie, l'Autriche, la Prusse s'apprêtaient à la même mesure comminatoire ; il fallait fléchir ou tomber: l'orgueil wigh a capitulé devant ses intérêts, et il a donné, au rétablissement de l'ordre, les gages qui étaient ainsi exigés. La réunion générale des Révolutionnaires a été dissoute, en attendant que tous ces aventuriers soient dispersés; l'affaire de Grèce a été arrangée, celle de Naples n'a pas été entamée. La victoire de la diplomatie européenne, poursuivant partout les idées de désordre, est complète.

Vous voyez, Monsieur, avec quelle habileté profonde elle se conduit, dans cette longue et pacifique campagne contre l'anarchie due à la catastrophe de Février. Lorsqu'elle a pu craindre de nouvelles luttes sanglantes, les armées se sont promptement réunies, rapprochées, concentrées, rétablissant partout la confiance et les lois. Quand cette Grande Armée de l'ordre a été prête, il n'y avait plus d'ennemis devant elle ; la Suisse même expulsait les réfugiés et restaurait le Sonderbund. On raconte qu'un Diplomate spirituel a répondu à l'Empereur Nicolas, qui s'attendait et était disposé à une campagne sérieuse: *Votre Majesté ne trouvera pas des lions, mais des lièvres.*

Ce n'est pas la guerre, que les batailles microsco-
piques des Danois et des insurgés du Schleswig-Holstein ;
cette allumette ne mettra le feu nulle part. Le grand
principe du droit Européen, celui qui date de 1815,
sera rétabli ou maintenu, là comme partout. Les Duchés¹,
agités par quelques docteurs ès-politique-démagogique,
c'est-à-dire ignorante et turbulente, ne se sépareront pas
de la monarchie du Danemark, et le Roi Frédéric VII,
qui n'a point de postérité, laissera ses Etats au duc d'Ol-
denbourg , grâce aux renonciations, depuis longtemps
convenues dans l'intérêt des peuples , du prince de
Hesse et du duc d'Augustenbourg. Cet arrangement, le
seul qui puisse prévenir un démembrement provoqué
par les démocrates, parce qu'il serait malheureux pour
les deux peuples , sera approuvé et garanti , s'il ne
l'est déjà, par les Puissances signataires du traité de
Vienne. La seule difficulté, c'est que le Holstein fait
partie de la Confédération Germanique, et que cette affaire, aux termes de l'acte fédéral, ne peut être résolue
que par la Diète en Assemblée générale et à la majorité
de ses soixante-et-onze voix. Or, la Diète de Francfort
n'existe plus, de par le funeste contre-coup de votre
funeste Février et, ici, nous revenons à la véritable
question allemande.

Cette question, cette utopie révolutionnaire d'une
impossible unité, cet appel à la discorde entre l'Autriche et la Prusse touche à sa solution. L'Allemagne a
profité des leçons qu'elle doit à vos expériences démocratiques. Elle sait ce que lui coûtent et ce que valent
ses essais parlementaires. Aussi je voudrais que vous
l'entendissiez s'exprimer sur les chambres closes de
Vienne, de Berlin, de Munich, de Stuttgard, sur leur

parlage, leurs prétentions, leurs projets apparents et leurs appétits secrets. Elle est à jamais dégoûtée du système représentatif, et le Roi de Prusse lui-même, le plus obstiné des rêveurs électoraux, s'efforce d'oublier le Parlement épuré d'Erfuth avec le collége impuissant des Princes de sa chimérique union restreinte. Si le respect que je professe pour ce Monarque, dont les intentions sont bonnes et les actes si regrettables, me permettait une comparaison irrévérencieuse, je dirais qu'il a voulu former un tiers-parti de Rois. Son esprit, nébuleusement occupé d'idées humanitaires, ne voit pas qu'ainsi il en entretient d'assez perverses pour qu'elles remontent jusques à lui, appliquées par le coup de pistolet d'un régicide. L'expérience pourtant a été sévère et l'on assure que la correspondance active de l'Empereur Nicolas, cet Agamemnon de l'ordre, dissipe chaque jour de plus en plus les illusions de son royal beau-frère. Le temps est donc prochain où le Roi de Prusse renoncera, pour l'intérieur, à son alchimie de constitutionalisme, et, pour l'extérieur, à cette politique indécise et jalouse et à ces sottes prétentions impériales, qui sont de l'anarchie sous le manteau de la Royauté. Après cette conversion, il n'y aura plus personne, en Allemagne, qui regrette les tribunes et les avocats politiques.

Alors il ne manquera plus au complet rétablissement de l'ordre que le couronnement de cette œuvre du courage, de la sagesse et de l'habileté des gouvernements de l'Allemagne, c'est-à-dire la direction centrale, qu'elle a perdue et qu'elle cherche vainement depuis cette date fatale de 1848. Comme, dans notre pays, rien ne s'improvise, même le bien, il a paru utile de rechercher, par des expériences successives, s'il n'y aurait pas un moyen nouveau de remplacer cette Diète de Francfort, renversée par l'ouragan révolutionnaire venu de France. Toutes les expériences ont échoué et vous savez que l'Archiduc Jean a failli mourir à la peine. Des esprits, honnêtes sans doute, mais dangereux parce qu'ils ne sont que théoriques, qui regardent comme possible la durée des improvisations révolutionnaires, se sont inutilement épuisés en combinaisons plus ou moins subtiles ; d'un autre côté, l'ambition irréfléchie de la Prusse a pu laisser croire un jour qu'elle voulait faire tourner et maintenir à son profit la violation du pacte de 1815, au risque d'une guerre avec l'Autriche, qui eût produit une conflagration universelle. Mais ces tentatives et ces convoitises sont surveillées et contenues par la prudence aussi attentive que puissante de l'empereur Nicolas. Il ne veut rien précipiter, même le retour à l'ordre ; il croit utile au monde que l'expérience du désordre soit entière, et il l'a laissée s'accomplir, tant qu'elle ne dépassait pas certaines limites. Aujourd'hui, les temps sont venus, selon le Czar, de rendre à l'Allemagne la dernière loi de ses prospérités si regrettées, celle qui la reconstituera comme elle l'était avant 1848. La fantasmagorie du différend entre la Prusse et l'Autriche, au sujet de l'unité, au sujet de la prépondérance, au sujet de Zollverein, va donc s'évanouir sans laisser de traces, et la Diète, rétablie à Francfort, rendra, à la force confédérée de l'Allemagne, l'éclat et l'union, qu'on a vainement cherchés ailleurs, comme pour prouver la sagesse et la nécessité de cette institution fondamentale.

Une fois rétablie, et cela ne tardera pas, la Diète de

Francfort, présidée encore, je l'espère, par l'habile et bienveillant baron de Munch-Billinghausen, en aura bientôt fini de cette affaire des Duchés et de la sucession Danoise. Alors et partout, les vestiges sanglants ou révolutionnaires de 1848 seront effacés, et les gouvernements pourront travailler, sans inquiétude, au développement de la prospérité publique relevée par leurs efforts; c'est là la liberté que leur demande le peuple allemand et ils auront la gloire de l'avoir reconquise, pour lui, sur l'anarchie. Dans peu de temps, l'Allemagne sera redevenue ce qu'elle était : unie, puissante, libre et heureuse, avec une dure expérience de plus de nos surprises, et la résolution, aussi bien que la force, de ne plus les subir. Et vous avez déjà remarqué, Monsieur, dans la tristesse de vos souvenirs, dans l'anxiété de vos prévisions, que l'époque où l'Europe entière sera revenue à l'état que vous avez troublé, coïncidera avec le retour légal de vos convulsions électorales. Mais, cette fois, elle n'en craindra ni la contagion ni l'invasion. Réunie sous la bannière de l'ordre, elle sera prête, comme le sage, à tout événement. Cette attitude n'est ni une menace ni un danger pour vous; ne sera-t-elle pas un remords et un exemple ?

Veuillez agréer, etc.

C.

XXXV

La Commission de surveillance surveillée par les Montagnards (*).

Les Montagnards de l'Assemblée ont été plus furieux encore que désappointés de ne pouvoir faire comprendre, dans la Commission des Vingt-cinq, aucun d'eux, parce-qu'ils voient chaque jour plus clairement que la majo-rité ne veut plus compter avec leur groupe. Ils ont beau se croire un parti, se dire le parti du progrès, le parti de la France même, ils n'en imposent à personne, et, lorsqu'ils sont de sang-froid, eux-mêmes ne peuvent plus se prendre au sérieux. La société, qu'ils accusent d'en être à la nuit du Bas-Empire, peut leur répondre qu'eux sont désormais exposés au grand jour et qu'ils ne peu-vent vivre à une telle lumière.

Dans leurs efforts désespérés, ils se sont ralliés à tous ceux qui veulent du désordre et qui le poursuivent sous le prétexte même de leur intérêt personnel. Le général de Lamoricière a donc eu leur appui ; grâce à eux, il est des vingt-cinq. Nous ne savons si sa reconnaissance pour leur concours durera autant que leur rancune contre ses répressions. Mais nous ne pouvons croire que le Général puisse oublier son nom , sa renommée , les faveurs dont il a été comblé , la bienveillance qui en

(*) Indépendant de la Moselle , 22 août 1850.

doublait le prix, l'adversité qui en consacre le souvenir, pour n'être que l'instrument d'hommes qui le forçaient naguères à se sauver par les toits. Il a accepté, subi peut-être, leurs suffrages; mais l'ambition peut causer l'erreur d'un moment, sans engager l'avenir. Les Montagnards ne peuvent donc prétendre à aucune voix, nous voulions dire à aucun scandale, dans la Commission de surveillance.

Ils sont donc réduits à la surveiller extérieurement, en écoutant aux portes, s'ils le peuvent. Ils s'y résignent. On annonce qu'un grand nombre d'entr'eux ne quitteront point Paris, qu'ils se réuniront, qu'ils se concerteront, qu'ils seront prêts. Nous savons d'abord quelle est la touchante concorde qui les unit, et nous avons lu plusieurs fois, avec dégoût, les injures que se prodigue leur fraternité. Ensuite nous savons le cas qu'il faut faire de leur courage en commun, et de leurs rotomontades conjurées. Ils étaient, non pas de l'armée d'Italie, mais des fuyards du Conservatoire! Voilà leur gloire. D'ailleurs en se réunissant, en se concertant, en se préparant, que feront-ils? Ils surveilleront la commission de surveillance! Et puis?

Ils donnent pour prétexte, pour but et pour gloire à leur surveillance qu'ils veulent préserver leur République de toute atteinte. Ils ne sont animés que du plus pur scrupule de l'égalité pour la conservation de la *sainte* Révolution de février, comme ils osent dire dans leur blasphême des lois, dans leur impiété de la religion. Mais ils oublient qu'ils ont fondé leur Constitution sur le suffrage universel, et que le suffrage universel ne connaît de loi que lui-même et lui seul. Il n'y a pas de droit contre le droit, et le jour où le suffrage universel parlera, tout le monde est obligé de faire silence et d'obéir ; il n'y a plus de loi devant cette loi des lois. Ainsi, lorsque l'Assemblée nationale et le Président, qui sont l'expression et l'action du suffrage universel, voudront changer l'œuvre Marrast, en consultant la France, ils en ont le droit, et les montagnards ne peuvent nier leurs propres principes.

Ils ne peuvent pas les nier, mais ils les nieront parce que ce n'est plus leur intérêt qui les applique. Ils feront du bruit de cette nouvelle violation de leur immaculée Constitution, comme ils l'ont fait pour toutes les lois destinées à réprimer l'anarchie. Mais, toujours aussi prudents devant les justices préparées contr'eux, ils ne feront qu'un vain bruit de journaux démocratiques, et leurs plaintes seront étouffées par les acclamations universelles qui salueront le complet rétablissement de l'ordre, si ardemment désiré, si impatiemment attendu.

XXXVI

Distribution des prix Monthyon et discours de M. de Salvandy. (*)

~~~~~

La solennité des prix Monthyon empruntait, cette année, un intérêt et un éclat de plus, au discours que le Directeur de l'Académie Française, M. de Salvandy, était chargé de prononcer. Le dernier Ministre de l'Instruction Publique de la Monarchie, naguère proscrit et exilé, retrouvait, par la puissance des Lettres, une noble tribune et un auditoire d'élite, dont l'empressement est toujours un honneur, et semblait aujourd'hui une protestation. Toutes ces notabilités de la politique, du clergé, de l'armée, de la magistrature étaient sans doute heureuses de prouver que les plus humbles vertus sont dignes des plus hautes admirations; mais elles étaient aussi venues entourer et applaudir l'homme d'Etat habile redevenu l'homme de lettres illustre.

On se souvenait, dans cette foule de gloires pressées sur les bancs de l'Institut, de tout le bien fait à l'enseignement par M. de Salvandy, et l'on se rappelait ses projets de loi pour résoudre ce redoutable problème, devenu plus difficile par la solution dont M. Guizot a si admirablement démontré l'insuffisance et l'erreur. Les savants surtout disaient avec quelle sollicitude le Mi-

(*) Indépendant de la Moselle, 22 août 1850.

nistre, jaloux pour eux, avait fait valoir les services de l'esprit et les travaux de la pensée. Jamais autant de distinctions et d'honneurs n'avaient récompensé le corps enseignant. Elever le prix, c'est élever les sentiments qui veulent le gagner.

L'on n'avait pas oublié, parmi les traditions glorieuses de l'Académie, qu'il y a peu d'années, M. de Salvandy, répondant au discours d'un Récipiendaire fameux, qui préludait par les folies d'une littérature ridicule aux folies d'une politique coupable, ne l'avait loué qu'avec une bienveillance aussi épigrammatique que spirituelle. On se redisait cette phrase prophétique *du fleuve d'autant plus pur qu'on remonte vers sa source* et l'on gémissait, en effet, sur le Royaliste de la veille submergé dans les flots de la démagogie sous le nom de citoyen Victor Hugo, tandis que le Ministre, renversé par la révolution de Février, fidèle à ses principes et fort de son caractère, n'ayant pas plus fléchi devant l'adversité que devant le pouvoir, se retrouvait dans le même fauteuil et y recevait les mêmes applaudissements, la même estime et les mêmes respects.

M. de Salvandy avait à parler de ce prix de vertu, de l'éloge couronné de Mme de Staël, des ouvrages sur l'histoire de France, et la politique ne pouvait rester étrangère à son discours, lorsqu'elle est la constante et malheureuse préoccupation de tout le monde, dans ces fatales circonstances si fatalement dues à la catastrophe de Février.

Il ne suffisait pas à M. de Monthyon, ce sage et cet ami des hommes, de répandre sur ceux qui souffrent les trésors de ses libéralités, comme les riches font toujours dans nos sociétés chrétiennes. Il voulait surtout rendre les hommes meilleurs; il le voulut autrement que la charité selon l'Evangile, qui se propose le même but; car elle ne se borne pas à secourir; en secourant, elle console, elle relève, elle fortifie, elle perfectionne. L'esprit du siècle était de n'admettre que des moyens humains dans les choses humaines. M. de Monthyon résolut donc de recourir au sentiment de l'émulation, assisté de ces deux aiguillons puissants : la renommée et la récompense. Sa générosité fit passer la récompense par les mains des distributeurs des renommées : son double but était atteint et jamais les lauréats de la vertu n'ont été plus éloquemment glorifiés que par M. de Salvandy. Mais il faut lire, dans le discours même, cet attendrissant récit d'actions pour lesquelles il ne devait y avoir qu'un juge, un salaire, une gloire, qui ne sont pas de la terre !

Ces héroïsmes de la vie, infinis comme les misères et les épreuves de l'homme, prouvent que les mœurs publiques valent mieux qu'on ne l'a dit souvent, mieux que les événements n'ont semblé quelquefois le dire. « L'ordre a repris son empire dans les pouvoirs et dans » les idées, dit le noble académicien ; le pays a donné » ce beau et rare spectacle de l'autorité le replaçant, » par le cours naturel des choses et des esprits, au sein » de cette région éclairée, dont nous signalions, en com- » mençant, le libéral et tutélaire génie. Les barrières, » qui y divisaient depuis trop longtemps les Français, » se sont abaissées devant la grandeur des périls et des » devoirs publics. Pour la première fois depuis 1789, » la société s'est montrée en réaction contre elle-même. » La France a fait ce miracle de remonter, sans autre

» force que sa propre sagesse et sa propre vertu, un
» courant contre lequel tous les pouvoirs s'étaient bri-
» sés depuis quarante ans. Nous avons senti nos fai-
» blesses et mesuré nos forces ; le courage et le bon
» sens public ont fait le reste. C'est un grand gage de
» salut que ces victoires qui ne sont pas l'œuvre de quel-
» qu'un, mais de tout le monde. C'en est un plus
» grand de voir le plus opiniâtre de nos préjugés vaincu,
» et la pensée religieuse, comme il arrive sur un vais-
» seau qui sombre, reprenant librement dans le sen-
» timent public la place qu'on ne pourrait lui con-
» tester, sans laquelle l'ordre social n'a pas d'ancre et
» court à tous les abîmes. »

XXXVII

La France et l'Europe (*).

⁂

Il est nécessaire de rappeler avec quelle électrique rapidité la catastrophe de Février produisit des catastrophes en Europe. Si nous ne nous le redisions pas souvent, nous ne le croirions pas ; l'histoire aura besoin de ses plus positives affirmations pour le persuader à des lecteurs de bon sens. Jamais un fait n'a été plus incroyable : c'est la foudre qui a éclaté sans orage ; les cataractes du malheur qui se sont ouvertes dans un ciel pur et serein.

La France, l'Allemagne, l'Europe entière n'en ont pas moins été ébranlées. On se souvient de la fréquence de ces nouvelles chûtes de trônes qui réjouissaient, sur les débris du nôtre, les Républicains de la veille qui avaient été assez habiles pour le renverser, les Républicains du lendemain assez lâches pour applaudir. Il fut annoncé, à grand bruit, que l'Angleterre proclamait la République et, l'un de ces jours d'abominable délire, vous vous souvenez avec quelle joie infernale le citoyen Louis Blanc redemandait la parole aux délégués du Luxembourg déjà sortis de leur sabbat industriel, pour leur répéter ce que le citoyen Lamartine, tombé jusqu'à être son collègue et son nouvelliste, venait de lui apprendre sur la révolution d'Autriche.

(*) Indépendant de la Moselle, 22 août 1850.

Et plus il arrivait de révolutions, plus les révolutionnaires s'enivraient des orgies de la liberté ; mais aussi, plus la France voyait son histoire se voiler, sa gloire pâlir, ses prospérités disparaître. Elle ne mesurait que trop, dans sa stupeur profonde, ce qu'il lui en coûterait de milliards et de hontes.

Quant à l'Europe, elle devait nous rendre le bien pour le mal. Plus sage, plus courageuse, plus habile que nous, elle a, plus tôt et mieux que nous, rétabli l'ordre chez elle et nous en a envoyé le salutaire contre-coup. Elle a plus aidé qu'on ne le croit encore, à discréditer partout les hommes de l'anarchie. Lorsqu'ils étaient expulsés de Berlin, de Vienne, de Francfort, après leurs folies et leurs assassinats, on les jugeait sans les craindre, et leurs redoutables menaces s'évanouissaient en ridicules fanfaronnades. Le courage revenait aux plus timides, et la France se réveillait en retrouvant le sien. Bientôt l'opinion publique se manifestait, et lorsqu'elle fit descendre d'un degré la République pour passer du gouvernement provisoire à la Dictature du général Cavaignac, elle fut assez puissante pour exiger l'envoi d'une armée à Rome contre l'esprit démagogique et au secours du pape, cette auguste personnification de l'Eglise et de la Royauté. L'Europe l'aurait fait ; la République croyait ne faire que de la politique ; la France faisait de l'ordre par émulation. Mais l'Europe nous a toujours ainsi précédés. Aujourd'hui, l'ordre, chez elle, est complètement rétabli : elle en est, pour nous, à son dernier bon exemple.

XXXVIII

Inauguration du Temple Israélite de Metz (*).

———◁●▷———

Ce fut en 1848, à la fatale époque où tous les travaux étaient suspendus, les ouvriers condamnés à un chômage forcé, toutes les affaires paralysées, que le Consistoire israélite de Metz a eu l'heureuse idée de stimuler l'activité de la classe des travailleurs en mettant à exécution le projet, depuis longtemps arrêté, de l'érection d'un vaste Temple à l'usage du culte israélite.

C'est aujourd'hui, 30 août, qu'a eu lieu la cérémonie de la consécration de ce Temple, construit avec les offrandes dues à la piété des fidèles et avec les subventions de la ville et du gouvernement.

Le nouveau bâtiment est grand, élevé, entouré de deux rangs de tribunes, surmonté d'un plafond à compartiments et terminé, à l'extrémité opposée à la porte d'entrée, par une voûte sculptée sous laquelle est le Tabernacle, qui est caché par une magnifique draperie de velours cramoisi, brodée en dessins d'or, renfermant en lettres d'or aussi, les commandements de Dieu. Les fenêtres de ce sanctuaire sont fermées par des vitraux peints, d'un assez joli effet. Quoique la cérémonie eût lieu à une heure, tous les lustres étaient allumés ainsi

(*) Indépendant de la Moselle, 1er septembre 1850.

que le candelabre symbolique à neuf branches , placé en face du Tabernacle.

La Synagogue était déjà remplie, lorsque les autorités ont été introduites. M. le Préfet, accompagné du conseil de préfecture, de M. le Maire et de MM. les Adjoints, M. le général Randon , M. le général de Tournemine , M. le général commandant l'Ecole d'application , M. le procureur-général, un grand nombre d'officiers, de magistrats, d'habitants notables ont été conduits aux places qui leur étaient destinées : le Conseil Général a suspendu ses séances pour s'y rendre également. Les dames n'avaient pas été oubliées; leur cœur comprend toutes les piétés sévères. Au premier rang des assistantes chrétiennes étaient madame la comtesse de St-Marsault avec mesdemoiselles ses filles et madame de Gérando.

A l'heure précise, un cortège , précédé des Rouleaux de la Loi appartenant aux diverses sociétés et entourés de riches ornements, est arrivé à l'entrée du vestibule, où l'attendaient le chœur, l'officiant et le chef en tête, ainsi qu'un grand nombre de jeunes filles vêtues de blanc et portant une corbeille de fleurs , dont elles encensaient les livres sacrés. Aussitôt une musique retentissante a fait entendre des fanfares, les troupes ont présenté les armes, les tambours battu aux champs : l'émotion des Israélites, fiers de leur Temple, heureux de s'y trouver réunis et forts de leur Foi , était visible et profonde ; ce moment a été solennel. Les psaumes de David, chantés en accompagnement , avec le rythme oriental et leur expression hébraïque , étonnaient des oreilles accoutumées à la psalmodie latine. Cette mélodie est très-belle, très-accentuée, très-religieuse.

La marche des personnes qui portaient les Livres de Moïse était dirigée par M. le Grand-Rabbin du Consistoire central, M. le Grand-Rabbin de Metz, et M. le Rabbin de Dijon. L'on remarquait l'empressement avec lequel les Israélites, qui étaient à portée, touchaient les riches couvertures des livres sacrés et portaient ensuite leurs doigts à leur bouche. Le respect des choses saintes est une vertu, avant même d'être le premier devoir de la conscience.

M. le Grand-Rabbin du Consistoire central, venu exprès de Paris, et M. le Grand-Rabbin de Metz, ont prononcé des discours pour célébrer cette fête de leur culte. Nous regrettons que l'éloignement où nous nous trouvions et la faiblesse de la voix des orateurs, nous aient empêché d'entendre leurs paroles. Nous avons cru comprendre que M. le Grand-Rabbin de Metz a fait, en finissant, un appel à la conciliation de tous les honnêtes gens et l'éloge de M. le Préfet de la Moselle.

Un grand nombre de chants religieux ont été parfaitement exécutés et la cérémonie a été terminée par la bénédiction.

Nous nous pressons pour ne pas ajourner ce compte-rendu d'une cérémonie aussi nouvelle, que nous ne pouvons juger que comme spectateur. Elle a été fort belle, bien ordonnée, imposante quelquefois, sans avoir cependant ce caractère saisissant et magnifique de nos Offices. La mode orientale d'avoir la tête couverte, même en présence de Dieu, choque trop nos idées pour que nous ayons pu nous y accoutumer, et la curiosité, peut-être, était trop grande pour laisser à ces pratiques, respectables pour nous au moins par leur antiquité, la gravité qu'elles doivent avoir et inspirer.

La présence des chefs Arabes, qui sont encore dans notre ville, et leur profonde attention à tout ce qu'ils voyaient, ont été remarqués.

Après la cérémonie, M. le président du Consistoire a donné un grand dîné, auquel assistaient M. le Préfet, M. le Maire, l'architecte du Temple, plusieurs membres de l'Académie nationale qui, par leur conseil, ont pris une part active dans la conduite des travaux du Temple, et les Israélites les plus notables.

Cette journée laissera un grand souvenir et sera une date remarquable dans les annales de nos concitoyens; nous les en félicitons.

XXXIX

Du Cri de vive la République (*).

Si, le 23 février, un seul cri de *Vive la République* avait été proféré, la surprise du lendemain ne serait pas arrivée, la catastrophe du 24 n'aurait pas eu lieu.

Les conspirateurs en chef, ceux du désordre et ceux de l'orgueil, ceux qui voulaient une révolution radicale pour satisfaire leurs appétits, et ceux qui n'en voulaient qu'une politique pour assouvir leur ambition, tous avaient exigé la discipline de l'insurrection, parce qu'ils savaient bien que si l'éveil était donné, la garde nationale de Paris aurait bientôt fait justice des républicains et de leurs sinistres espérances. On ne criait donc que *Vive la Réforme*, on ne prétendait qu'à une extension des droits électoraux, peut-être à un changement de Ministère. Derrière ce programme des agitateurs, nul ne pouvait deviner les assassinats du boulevard des Capucines et la chute de la Monarchie.

Lorsque le TOUR DE MAIN fut fait, on cria *vive la République* d'un bout de la France à l'autre. Non pas la population stupéfaite, non pas les honnêtes gens consternés, mais les démagogues de la veille, surtout ceux du lendemain : c'était le cri de leur légalité révolutionnaire. Le 4 mai, l'Assemblée constituante, élue

(*) INDÉPENDANT DE LA MOSELLE, 3 septembre 1850.

sous la pression fabuleuse des commissaires du citoyen Ledru-Rollin, sanctionna la surprise du Gouvernement Provisoire et le cri de *vive la République* s'échappa de sa première séance, comme pour annoncer à la France tout ce qu'elle souffrirait encore de désastres et de hontes.

Ce fut ce cri funeste qui annonça les journées sanglantes de juin, comme il avait précédé le 15 avril, le 15 mai, tous les mouvements anarchiques qui semblaient vouloir interdire aux honnêtes gens l'espérance du rétablissement de l'ordre. Toutes les fois que ces terribles mots de *vive la République* se faisaient alors entendre, les affaires cessaient, les magasins se fermaient, les habitants désespérés couraient aux armes. Il semblait qu'une révolution nouvelle se préparât et que la République sociale allât sortir de ces vociférations comme la République démocratique était sortie des cris de *vive la Réforme*.

Bientôt la mode est passée de troubler les rues par le cri de *vive la République* ; à mesure que l'ordre revenait dans les faits et dans les esprits, ces clameurs devenaient plus rares. On n'en craignait plus les suites, depuis que les conspirateurs avaient dévoilé leur courage, c'est-à-dire depuis qu'il avait suffi au général Changarnier de se montrer pour les faire fuir à toutes jambes. Le cri de *vive la République* était donc réservé aux allocutions officielles ou poussé comme une provocation aux sergents de ville et aux gendarmes.

Aujourd'hui, le voyage du Président nous l'enseigne, ce n'est plus par ces mots toujours menaçants, que se terminent les discours des fonctionnaires de la Répu-

blique ; s'ils sont encore et à voix basse bégayés, tenez
pour certain que c'est par quelque républicain de la
veille, qui voudrait bien conserver son opinion, mais
qui veut surtout conserver sa place.

Plus l'ordre se rétablit, plus le cri de *vive la Répu-*
blique exprime ce qu'il vaut. Quand les montagnards
le hurlent, il veut dire insurrection, catastrophe, misère, calamités ; quand c'est le tiers-parti, hypocrisie,
ambition. Les honnêtes gens ne l'entendent jamais qu'avec
effroi. Personne donc ne donne une signification sérieuse et durable à ce cri de *vive la République*, parce
que personne ne veut ou ne croit qu'elle vive au-delà
du terme légal, fatalement assigné par la volonté du
pays, de plus en plus désabusé.

XL

LE ROI LOUIS-PHILIPPE (*).

La tombe de l'exil s'est déjà fermée sur le Roi Louis-Philippe ; son règne et sa vie appartiennent à l'histoire.

Nous ne prétendons nullement en écrire un résumé ou un chapitre. Nous n'en aurions pas eu le temps, nous n'en avons pas la puissance. Nous n'éprouvons que la pieuse ambition d'envoyer un respect profond à cette grande et noble adversité, d'exprimer le regret de n'avoir pu assister à ces lointaines funérailles d'un Prince, dont la bienveillance a été notre orgueil et notre plus grand honneur.

Jamais la vie d'un souverain n'a été aussi agitée que celle du dernier Roi des Français. Soldat, pour défendre son pays contre l'étranger ; professeur, pour supporter les mauvais jours et les ennoblir ; citoyen, pour voir de plus près les intérêts et les besoins des peuples ; monarque, enfin, lorsqu'il a fallu préserver la France, en 1830, de l'anarchie qui l'a bouleversée en 1848, il a connu toutes les vicissitudes et tous les périls, toutes les gloires et toutes les infortunes, et sa main a tenu, avec une égale fermeté, l'épée du Général, le Sceptre du Roi, le bâton de l'exilé.

(*) INDÉPENDANT DE LA MOSELLE, 5 septembre 1850.

Dans ces situations diverses, le caractère, l'esprit, le génie de Louis-Philippe se sont manifestés avec autant d'éclat que d'énergie. Il les a toujours dominées, soit qu'il ait fallu descendre aux détails de la vie domestique et aux sentiments privés de la famille, soit que les devoirs de la Royauté l'aient absorbé dans ces méditations et ces travaux où les hommes sont des instruments et les Rois une Providence. Nos annales nous font remonter jusqu'à Charlemagne pour retrouver cette féconde souplesse du génie, également propre à dicter d'admirables Capitulaires sur les petites et les grandes choses, sur l'administration agricole du Domaine ou sur les finances et la politique de l'Empire.

Lorsqu'en 1830, Louis-Philippe, pour sauver au moins le principe monarchique, consentit à donner un Roi à cette révolution qui n'osait pas dire son dernier mot, il mesura, d'un coup d'œil assuré, les dangers de la société, ceux qu'il courrait pour la défendre. A l'extérieur, l'Europe effrayée et hostile ; à l'intérieur, les classes élevées emportant avec elles l'influence des richesses, des noms, des traditions et sapant la Royauté nouvelle par leurs armes, par leurs écrits, surtout par leur principe ; la classe moyenne n'offrant que le fragile et insuffisant appui de ses intérêts ; les classes inférieures, trompées et ennemies. Il fallait autant de génie que de courage et d'abnégation pour accepter cette mission désespérée et pour livrer à l'anarchie, sans chefs et sans soldats, une bataille d'un règne. Ce sera l'éternel honneur de Louis-Philippe de l'avoir gagnée pendant dix-huit ans et d'avoir porté plus haut qu'elles n'étaient jamais parvenues, la grandeur et la prospérité de la France, redevenue, malgré la révolution et grâce au Roi, puissante, heureuse et libre.

L'histoire, en effet, dira avec admiration combien cette révolution marchait dans les voies de la sagesse, lorsqu'elle était dirigée par la prudence et l'habileté personnelles de Louis-Philippe, tandis qu'elle se montrait anarchique et menaçante toutes les fois que l'opposition parvenait à saisir, en la discréditant, l'autorité royale. Quand le Roi agissait lui-même, il avait beau jeter à l'Europe le défi du siège d'Anvers ou le réveil de la politique de Louis XIV par les mariages espagnols, l'Europe, attentive mais rassurée, ne craignait pas le débordement de l'esprit révolutionnaire ; elle le redoutait au contraire et prenait ses précautions de méfiance, dès que le génie de Louis-Philippe ne présidait plus aux actes de son gouvernement. Le traité de la quadruple alliance, de 1840, fut la coalition des grandes Puissances contre une révolution qui s'était soustraite à la pensée du Roi, c'est-à-dire à la confiance et au respect du Monde.

Cependant deux accusations, dont les révolutionnaires connaissaient l'infamie, dont les conservateurs ne repoussaient pas assez énergiquement le mensonge, poursuivaient le monarque et dénaturaient ses intentions. Nous avons dit la première, celle d'une avarice, qui était de l'ordre comme en faisait Charlemagne, et de la magnificence comme la pratiquait Louis XIV. Lorsque les révolutionnaires ont dressé les comptes de la Royauté renversée, ils ont été forcés de donner, à une accusation si odieusement exploitée, le démenti de la vérité des chiffres. Ce Roi, tant attaqué, plus confiant dans la justice de l'avenir que découragé par les calomnies du présent, avait, en Prince véritablement français, contracté des dettes immenses pour créer Versailles, res-

taurer les palais, enrichir les musées, encourager les
arts et secourir les malheureux. On saura, un jour,
les pauvres le dévoileront, le chiffre du budget de
l'infortune, dont la bienfaisance du descendant de St-
Louis confiait le secret et la disposition à l'auguste Princesse, la première des mères et la plus vénérable des
femmes, qui le distribuait avec la prodigalité d'une
Reine et la modestie d'une sainte.

La seconde accusation était d'avoir tellement engagé
le pays dans la satisfaction des intérêts matériels, que la
corruption était devenue un besoin général et un système de gouvernement. On citait quelques exemples
malheureux ; on étendait à tous des crimes isolés. Mais
si la prospérité publique est le premier et le plus difficile bienfait des Rois, ils ne sauraient être rendus responsables des avidités trop excitées, ou des passions
plus coupables encore. Tous les souverains n'ont pas
un Sully ; ce n'est pas de notre époque que datent l'exil
de Jacques Cœur, le supplice de Marigny, la disparition de Fouquet, des dilapidations et des cupidités
effrénées et célèbres : les républiques en sont plus ta-
chées que les monarchies. Toute société serait impossible si l'autorité qui la dirige était incriminée par les
fautes des particuliers : elles ne remontent que jusques
à la justice qui les punit. La prospérité générale est
le plus noble but du pouvoir ; aussi mesure-t-elle la
gloire au succès, et jamais il n'a été aussi grand que
pendant les dix-huit années du règne de Louis-
Philippe.

Quand le temps aura éteint les passions contempo-
raines et rendu aux événements leur signification, aux

hommes leur caractère , aux idées leur repos, Louis-
Philippe obtiendra les éloges qu'il mérite et prendra
sa place glorieuse parmi les plus grands rois de France.
L'histoire reconnaîtra les circonstances extraordinaires
où ce prince , sacrifiant l'existence la plus magnifique
et la plus enviée, se dévouant à tous les courages ,
même à celui de justifier la calomnie , monta sur le
trône pour sauver la royauté. S'il n'avait pas été là en
effet; si la France, épouvantée par le fantôme sanglant
de la République, n'avait pas trouvé un refuge dans
sa popularité ; si , Bourbon avant d'être français , il
avait plus songé à sa dynastie si témérairement com-
promise qu'au salut de la France ; s'il avait hésité
quelques heures , c'en était fait de la monarchie , et
l'hôtel-de-ville de 1830 accomplissait les ruines de
l'hôtel-de-ville de 1848 , sous l'action immodérée de
passions que n'avaient pas amorties vingt ans de prospérité due à la royauté constitutionnelle.

Sans doute, nous ne pouvons juger assez impartiale-
ment ces événements trop voisins et ces périlleuses résolutions. L'histoire discute encore les circonstances dans
lesquelles Pépin a remplacé la race de Clovis et Hugues
Capet celle de Charles Martel ; l'avenir dira seul si elles
étaient plus impérieuses qu'en 1830. Cependant Dieu
leur à donné la sanction des siècles. Il l'a refusée au
dévouement de Louis-Philippe, et la République, qui a
brisé son trône et menacé l'état social , est la leçon
suprême de l'ordre envoyée aux honnêtes gens dé-
sunis par des regrets aveugles et des espérances impossibles. Elle leur enseigne que pour le rétablir , ce
n'est pas trop de l'union de toutes les forces, de l'a-
doption de toutes les gloires, de la reconnaissance de

tous les services, de l'oubli de toutes les discordes. A ces conditions seules, la France pourra trouver l'ancre et le port qu'elle cherche vainement depuis son naufrage. Et l'un des premiers symptômes du rétablissement complet de l'ordre, sera la justice rendue par tous les partis à la mémoire d'un Prince, qui a mérité que les Rois disent qu'il était un grand homme, et les peuples, un grand Roi.

A. DE VIDAILLAN, *ancien Préfet.*

XLI

Fraternité des Montagnards (*).

Lorsque nous lisons, dans les journaux anglais et allemands, le récit des querelles des citoyens Montagnards, qui paient l'hospitalité étrangère par un tel spectacle, nous éprouvons un indicible sentiment de honte. Notre fierté française, dont nous avons la passion, souffre cruellement à chaque fait et à chaque mot : nous voudrions que la guerre civile même eût sa pudeur. Que ces aventuriers de l'insurrection, escamotant le pouvoir, se soient montrés à nos yeux incapables et indignes de le conserver, c'est pour la France un irréparable malheur et une humiliation éternelle ; ses prospérités le paieront longtemps et son histoire en est à jamais tachée. Mais ces français n'étaient connus que de la France, et elle pouvait laisser croire qu'elle n'avait été surprise et dominée un jour que par des Révolutionnaires remarquables au moins par l'intelligence de la destruction et par le courage du mal. La grandeur de leurs projets démagogiques, si elle n'était pas une excuse, aurait été un étonnement, et cette grandeur, quelque fatale qu'elle fût, inspirerait un autre sentiment que le dégoût.

Il n'y a plus moyen aujourd'hui de conserver cette illusion d'orgueil national. Les vainqueurs de Février se

(*) Indépendant de la Moselle, 11 septembre 1850.

font connaître et estimer par eux-mêmes ; ils se dévoilent les uns les autres. Des révélations, signées de noms démocrates encore obscurs, avaient paru si monstrueuses, qu'on avait douté de l'exactitude sur les actes et sur les caractères. Mais voici venir de Londres, de Suisse, de tous les refuges où se cachent et conspirent les chefs, des accusations, des justifications, des réminiscences injurieuses et les plus outrageantes personnalités. Des attaques et des réponses aussi honteuses que vraies, s'échangent entre ces gens qui se connaissent si bien, et qui sont ennemis lorsqu'ils ne sont plus complices. Ils s'insultent dans leurs discours, dans leurs journaux, dans leurs brochures, dans toutes leurs correspondances comme dans toutes leurs rencontres. Ils se font mutuellement tous les reproches et se donnent tous les noms. Cette armée de la démagogie, dont le citoyen Ledru-Rollin se croyait le généralissime, le citoyen Louis-Blanc l'organisateur, le citoyen Pierre Leroux le chapelain, et le citoyen Lamartine le Tyrtée, est maintenant divisée en bandes ennemies et furieuses, qui se ruent les unes sur les autres quand elles s'aperçoivent, ou qui s'injurient et se démasquent quand elles ne se combattent pas. L'on éprouve une stupéfaction profonde à assister à ces joutes de flétrissures et l'on demeure convaincu qu'ils ont tous le droit de se dire de telles vérités.

Mais les frères et amis ne se sont pas contentés de se déchirer entr'eux. Ils ont reporté sur les Rouges restés en France, les colères qui ne s'épuisaient pas sur les compagnons d'exil. Ils les somment de leur envoyer de l'argent, tant par tête et par semaine, par mois, par an, sinon ils encourront les dernières ex-

communications de l'anarchie, en attendant ses vengeances suprèmes ; les rôles sont dressés et les listes
préparées : c'est la bourse ou la vie ! Il est vrai que
ces menaces, venues de loin, n'inspirent ni frayeur ni
soumission, et que le citoyen Proudhon, entr'autres re-
négats indisciplinés, répond de sa prison, en traitant
ses amis malheureux et libres d'*esprits faibles*, de *ta-
pageurs*, de *banqueteurs*, de *ripailleurs*, de *blagueurs*
enfin. Il déverse sur eux l'ignominie et le ridicule, et
son emportement, son mépris ou sa justice contr'eux
sont si grands, qu'il en vient à exalter la Monarchie
même, ainsi que nous le rapportions il y a deux jours.

Tel est le sort de ces révolutionnaires. Unis pour
attaquer la société, qui les repousse parce qu'elle les
connaît ; vainqueurs un jour par surprise et vaincus
le lendemain, ils disséminent partout leurs haines, leurs
théories, leurs désordres ; ils ne sont réunis et d'accord que pour surprendre leur proie, et cette proie,
c'est nous.

XLII

Les justices du Pays (*).

Les journaux judiciaires ont rendu compte, il y a
quelque temps , de la condamnation d'un Sous-Préfet
corse , républicain de la veille et sous-commissaire du
Gouvernement Provisoire, qui nous rappelle le fameux
sous-commissaire du Hàvre , qui assassinait pour voler
une montre. Celui de Sartène n'en était pas encore à
ce mode administratif de réquisition ; encore un effort,
et il l'aurait atteint. Il se contentait d'être associé à une
bande de scélérats, qui écrivaient aux capitalistes de
son arrondissement de déposer, sous menace de mort,
une somme déterminée par cette taxe du crime , entre
les mains du Sous-Préfet. Ces habitants effrayés, parce
qu'en Corse de telles menaces sont promptement exécutées , couraient chez le Magistrat , chargé de les protéger
et ils étaient consternés en voyant qu'il était menacé ,
comme eux , s'il ne recevait pas la somme pour la re-
mettre en un lieu secret et indiqué pour lui seul. Il
se disait désolé , terrifié, impuissant ; on finissait par
le plaindre aussi et par payer. Le Bandit partageait avec
les Bandits et *le tour était fait.*

Ce tour manquait au livre de M. Chenu , cette gloire
aux gloires qu'il y dévoile et le personnage à ses édi-
fiantes biographies.

(*) INDÉPENDANT DE LA MOSELLE 11 septembre 1850.

Non , la postérité ne croira pas que la France ait été surprise , vaincue , dominée, administrée par de pareils hommes et en un seul jour.

Vous les voyez depuis qu'ils sont connus, depuis que le pays s'est dégagé de leur étreinte, depuis qu'il leur faut montrer ce qu'ils sont, ce qu'ils peuvent, ce qu'ils valent. Les chefs se dérobant à la répression de l'armée ou aux condamnations des tribunaux, fuyant devant le général Changarnier ou ne se fiant que par delà les frontières à la justice de leur pays ; les soldats de la troupe démagogique, à la police correctionnelle ou aux assises. Voilà les vainqueurs de février ! Chaque jour quelqu'un se signale par une mésaventure judiciaire, et c'est aux greffes qu'il faudra chercher leurs états de services.

XLIII

Session du Conseil Général (*).

Le Conseil Général a terminé sa session , après un grand nombre de séances. Nous en donnons textuellement les procès-verbaux. On peut juger avec connaissance de cause comment les Représentants cantonaux de la Moselle ont compris leur mandat, leurs devoirs, l'esprit public et les obligations qu'impose à tout homme qui se mêle de politique, le rétablissement de l'ordre , si fatalement troublé par la catastrophe de F évric

Pour juger les œuvres du Conseil Général , il ne faut pas oublier qu'il a été élu en 1848 , sous la pression de l'anarchie, par des manœuvres dont l'exécution, dans ces temps si calomniés de la Monarchie , eût été punie comme un crime, ou la simple allégation comme une calomnie. Nous ne rappellerons que les fameuses lettres de Jussion , interdisant aux électeurs de Gorze la nomination d'un de nos honorables amis, que les électeurs du département s'empressèrent, il est vrai, de dédommager d'une injustice et d'un échec révolutionnaires , en l'envoyant à l'Assemblée nationale, à une immense majorité.

Mais si nous ne voulons pas réveiller ces tristes sou-

(*) INDÉPENDANT DE LA MOSELLE, 13 septembre 1850.

venirs, nous ne pouvons effacer la date originelle que nous rappellent trop souvent les discussions de notre assemblée départementale, sortie, en 1848, des flancs de la Révolution. Nous avons présents à la mémoire les discours et les votes de 1848 et de 1849. L'esprit démagogique soufflait de tous ses poumons, il y a deux ans, et, s'il paraissait, l'an dernier, avoir diminué de violence, son souffle n'en était pas moins empesté.

Cette année, le Conseil Général s'est trouvé dans une situation nouvelle. D'abord le rétablissement de l'ordre, la répudiation de plus en plus prononcée des doctrines subversives de la société, les malédictions progressives contre les révolutionnaires, l'approche menaçante de l'appel au pays redevenu calme, et, nous l'espérons, éclairé et résolu, tout a contribué à inspirer aux Elus de 1848 une prudence, sinon une sagesse, qui a pu être prise par les uns pour de la résipiscence, par les autres pour de l'adresse. Ensuite le Conseil Général s'est trouvé, pour la première fois, en face d'un Préfet, très nettement dévoué à l'ordre, administrateur aussi habile qu'expérimenté, courageux, sûr de ses intentions et ne craignant pas de les montrer, connaissant ses droits et décidé à les faire respecter, ne redoutant ni les discussions des affaires, ni les attaques des passions, ni les tentatives des partis. La session devait donc être, sous tous les rapports, différente des deux sessions précédentes et elle l'a été en effet.

On le jugerait à la simple lecture des procès-verbaux. Mais nous n'entrerons dans aucun détail. C'est l'esprit général de la session que nous recherchons; il est curieux de le constater. Les membres de l'opposition, nous ne voudrions pas dire les républicains de la veille, ont été de plus en plus décontenancés. A chaque séance , ils voulaient bien , mais ils n'osaient pas, faire des propositions, émettre des vœux, soulever des discussions jadis appelées populaires. Parler affaires, *blaguer*, comme dit le citoyen Proudhon, ce n'est plus possible avec un Préfet qui vous répond catégoriquement par les instructions, par les arrêtés, par les lois, avec l'autorité de la raison, du savoir et du caractère ; faire des motions résonnantes, les amis de l'ordre, encouragés et soutenus, ne les subiraient plus. Il ne reste que la ressource des vœux, de ces vœux qui n'engagent pas en apparence et qui sont une satisfaction d'amour-propre trop facilement accordée à des égards de collègues. Aussi les vœux les plus déplorables ont presque toujours la chance d'être admis, grâce à la faiblesse, souvent à la connivence, des hommes modérés. Mais cette fois les hommes modérés se sont à peu près senti le courage de leurs opinions et ils ont menacé d'opposer les vœux les plus réactionnaires, c'est-à-dire les plus utiles et les plus sages et les plus populaires aux vœux turbulents de l'anarchie. Et comme par un accord de frayeur mutuelle, les uns et les autres se sont fait la concession de ne pas se jeter de gant de bataille , la mêlée politique ne s'est pas engagée.

Cette trêve de Dieu est sans doute habile. Mais si nous ne connaissions la faiblesse de quelques membres conservateurs de l'Assemblée, nous le disons à regret, nous la déplorerions. Dans des circonstances aussi graves, la résolution est un devoir sacré. Celle d'exprimer et de faire prévaloir la véritable opinion publique l'était plus que jamais. Espérons que les élections prochaines mettront dans le sein du Conseil Général, comme dans tous les Conseils du pays, la victoire des amis de l'ordre au-dessus de toutes les hésitations et de toutes les hostilités.

Une fois, cependant, la majorité a plus fait que neutraliser les passions anarchiques. Elle a voté à M. le Préfet des remercîments pour le concours éclairé qu'il a prêté au Conseil Général et pour les améliorations administratives qu'il indiquait dans son rapport. Ce vote est digne de remarque, non-seulement comme justice rendue à un magistrat qui a une réputation d'administrateur distingué si bien établie, quoiqu'il n'ait pu encore, dans la Moselle, avant le Conseil Général, prouver guères que son zèle, mais comme déférence envers le représentant éminent des principes, naguères si méconnus, d'ordre et d'autorité. Ce vote a une signification heureuse qui sera comprise ; l'anarchie dans les esprits suit le mouvement de décroissance de l'anarchie dans les faits.

En résumé, les sessions précédentes avaient été mauvaises, celle-ci n'est ni bonne ni mauvaise, il y a progrès ; nous voudrions en féliciter le Conseil Général et en avertir le Département.

XLIV

Le Silence de la Tribune (*).

❧

Depuis un mois la France n'est plus soumise aux émo-
tions quotidiennes des discours et des scandales parlementaires. Elle ne lit plus, chaque matin, comme une frayeur,
comme un remords, comme une expiation, le compte-
rendu des séances où son histoire, sa langue, ses lois,
ses prospérités, ses espérances, sont attaquées, outra-
gées, dénaturées, anéanties, par des hommes à qui une
Révolution, et une Révolution aussi funeste que la catastrophe de Février, a pu seule donner la parole ou la
laisser prendre. Chaque courrier n'apporte plus les pro-
vocations, les injures, les menaces de ce parti de la ruine
publique, qui a dû sa victoire d'un jour à notre faiblesse,
qui doit sa désastreuse durée à nos divisions. Le pays
n'est plus sans cesse inquiet par l'attente de quelque vote
inopiné, et il peut s'occuper de ses affaires sans craindre
qu'une surprise ou une négligence législative les arrêtent
et les bouleversent. Les journaux ne retentissent plus de
ces excitations démagogiques lancées, par les fenêtres
de l'Assemblée, aux esprits timorés ou complices. En un
mot, le silence de la tribune est le repos du pays.

Ce repos précaire n'a été, jusques ici, ébranlé que
par la réunion des Conseils Généraux, et par les récits
controversés du voyage du Prince-Président.

(*) INDÉPENDANT DE LA MOSELLE, 18 septembre 1850.

Les Conseils Généraux n'ont pas produit une grande émotion. Élus révolutionnairement, en 1848, avec l'appui désordonné des fameux commissaires, ils ne peuvent être que faibles pour l'ordre, quand ils ne le combattent pas. Les membres qui représentent la véritable opinion publique et qui en ont le courage, ne sont pas généralement assez nombreux pour faire adopter leurs propositions réparatrices sans ménagements, et il en est naturellement résulté de la tiédeur dans l'expression incomplète des vœux, de l'indifférence dans l'attente de ce résultat prévu : ce n'est pas la voix solennelle du pays qui a été, là, espérée et entendue.

Le voyage du Prince-Président a une autre signification, plus claire et plus caractérisée. Il a dévoilé les manœuvres, l'impuissance et le discrédit des hommes de la démagogie. Une poignée de coureurs au désordre, perdant haleine à vociférer des cris réprouvés, n'a excité aucun tumulte, soulevé aucune passion, rallié aucune sympathie. Ils ne sont parvenus qu'à se faire juger et démentir, et l'enseignement ainsi donné par ce contre-voyage de la démocratie, lui porte, heureusement, un coup funeste.

Mais si rien n'a troublé ce calme de la surface du pays, c'est une raison pour que les honnêtes gens se dévouent plus résolument à travailler au rétablissement de l'ordre. Ils seront mieux écoutés et mieux compris. Pendant cet entr'acte des luttes politiques, leur influence locale aura plus d'action et de succès. Ils signaleront le véritable état du pays, ses intérêts, ses besoins réels, son espoir, son impossibilité d'attendre plus longtemps dans cette expérience du désordre trop prolongée. Ils parleront haut et ferme au nom de l'immense majorité, qui en réclame le terme et la conclusion. Les représentants, aujourd'hui disséminés dans les départements, seront enfin convaincus, ceux-là, que la France les repousse comme un malheur et une honte, ceux-ci qu'elle leur donne le mandat impératif et pressant de la revanche de l'ordre.

Tel est surtout le bien que fait au pays le silence de la tribune : elle le laisse parler. Il dira ce qu'il veut ; l'opinion publique prononcera son dernier mot. Et malgré les efforts désespérés des Montagnards défendant leurs œuvres à jamais condamnées, ces vacances de l'agitation parlementaire n'auront pas été une halte dans l'anarchie.

XLV

Des finances et des financiers de 1848 (*).

~~~~~~

Personne n'a oublié comment les finances de la Monarchie étaient traitées par les financiers de l'opposition, du tiers-parti, du centre gauche, de l'extrême gauche. La coalition de ces grands Ministres, passés ou futurs, était permanente, et ils sapaient, à coups redoublés de faux calculs et d'audacieux mensonges, la prospérité croissante d'un Règne, pour lequel l'histoire vient de commencer ses justices et son admiration. Mais alors, on écoutait ces voix tonnantes de patriotisme et d'économie, et l'on finissait par se persuader, parce qu'on l'entendait crier bien fort, que la corruption puisait à pleines mains dans les coffres mal gardés de l'Etat.

Qui ne l'a cru, un peu plus ou un peu moins? Qui a été assez ferme pour soutenir toujours que, sous aucun Roi, surtout dans aucune République, la gestion des revenus publics n'avait été plus honnête, plus régulière, plus habile? Qui n'a, une fois, renié la vérité ou manqué de courage pour la défendre? Qui osait être ministériel pour applaudir l'augmentation progressive des dépenses, si dénaturée qu'on la croyait due à l'augmentation imaginaire d'impôts, qui n'ont jamais été augmentés?

(*) INDÉPENDANT DE LA MOSELLE, 1er octobre 1850.

Ces faiblesses étaient si générales et si funestes que lorsque les Républicains de la veille, trouvant les comptes exacts et le Trésor Royal plein, se sont néanmoins écriés, pour ne pas mentir à leurs mensonges, que *la République avait sauvé la France de la banqueroute*, ce blasphème a trouvé des crédules et fait des dupes. Il a fallu les leçons des hommes compétents, l'évidence des chiffres, la vérité des faits, l'action lente du temps pour ramener les esprits et leur inspirer l'étonnement de leurs erreurs, le repentir de leurs soupçons, les remords de leur ingratitude. Ce qui a surtout causé une impression salutaire et profonde, c'est l'administration et la régularité républicaines, bientôt jugées et aujourd'hui judiciairement condamnées.

Sous la Monarchie, une injonction de la Cour des Comptes était un fait grave. Nous nous souvenons personnellement du désespoir d'un Payeur, auquel elle imposait quelques centaines de francs, comme acquittés sur des pièces comptables dépourvues, par inadvertence, d'une simple formalité. En remontant plus haut, les comptes des Ministres, le budget de l'Etat, étaient toujours apurés par un arrêt solennel de conformité. C'était la loi ; elle constatait l'ordre des revenus publics, la probité de ceux qui les géraient, l'honneur de l'administration française. Telles étaient ces finances, si incriminées par l'austérité des Oppositions, les plus belles que les annales de la justice aient jamais enregistrées, les mieux dépensées que l'aient jamais prouvé la prospérité d'un peuple et les désastres d'une révolution.

Aujourd'hui la Cour des Comptes rend d'autres arrêts et donne au pays de tristes enseignements. Ce n'est

plus une signature qu'elle réclame ou quelques centimes
que son inflexible rigidité poursuit. Le gouvernement
provisoire lui a légué de plus grands devoirs. Ce n'est
rien moins que VINGT-MILLIONS HUIT CENT QUATRE VINGT
MILLE FRANCS qu'elle déclare *dépourvus de pièces jus-
tificatives ou appuyés de justifications insuffisantes.* De
ces millions disparus sans contrôle, donnant prise à
toutes les suppositions, dévoilant toute l'hypocrisie des
vertus républicaines, il faut en redire le détail par allocations, pour l'édification des hommes dont les illusions
seraient persévérantes :

Avances à la garde mobile, en février et en mars 1848	594,015 fr.	95 c.
Secours extraordinaires	3,490,750	»
Indemnité de route à des réfugiés, versée entre les mains d'un membre du gouvern. provisoire	58,300	»
Avances aux ateliers nationaux de Lyon	102,795	»
Avances sur dépôt de marchandises à des fabricants du 8e arrondissement	600,000	»
Acquittement sur les fonds destinés aux travaux publics des dépenses des ateliers nation. de Lyon	1,522,022	20
Dépenses des ateliers nationanx	14,478,285	64
Avances au directeur des postes en février 1848	4,000	»
Versements aux présidents de la commission des récompenses nationales	30,000	»
	20,880,168 fr.	79 c.

Depuis que la Cour des Comptes existe, a-t-elle atteint un pareil chiffre d'irrégularités et stygmatisé de tels désordres? L'honneur de l'administration a-t-il jamais été à ce point compromis? Qu'auraient dit les intègres financiers de la veille, de quels anathèmes, de quelles accusations n'auraient-ils pas flétri le gouvernement du Roi, si, en quelques semaines, nous voulions dire en dix-huit années, il avait encouru cet arrêt?

Mais voilà les révolutionnaires, leurs paroles et leurs œuvres. Ils sont toujours les mêmes et font partout les mêmes parades. Suivez-les en Allemagne, en Hongrie, à Rome, à Bade, en tous lieux, ils ne changent pas. L'Etat, ils l'ont bouleversé pour un siècle; la prospérité publique, détruite jusqu'à ce que la trace de leur passage soit effacée; la grandeur du pays, annulée tant que leur action sera sentie ou possible. C'est leur histoire et leur fatalité! Elles se lisent clairement pour nous, dans l'arrêt significatif de la Cour des Comptes, qui se résume en trois mots: abaissement, ruines et hontes.

XLVI

Le Passé et l'Avenir (*).

~~~∽∽✠∽∽~~~

Depuis la catastrophe de Février, l'esprit public a dû faire, en France et en Europe, un grand travail et de grands efforts pour se reconnaître et se reconstituer. Cette révolution inattendue, née de l'orgueil et de la vengeance de quelques hommes justement repoussés, tels que le citoyen Lamartine, par exemple, autant que de l'hypocrite imprévoyance des promoteurs de la Réforme, et de l'audace occulte des républicains de la veille, avait bouleversé les idées plus encore que les situations. Quand la tempête, après avoir ravagé la France, s'étendit en Allemagne et fit éclater la foudre à Vienne, à Berlin, à Milan, à Rome, à Turin, à Florence même, les hommes les plus habiles, les plus expérimentés, les plus courageux furent décontenancés et stupéfaits. L'électricité révolutionnaire avait été si rapide que la sagesse ne fut pas plus capable d'en donner la soudaine explication, que le courage et la force d'en arrêter les effets désastreux.

Mais bientôt la lumière se fit. Partout où la Révolution avait surpris les Gouvernements par le guet-apens nomade de Février, elle fut promptement jugée par ses hommes et par ses œuvres. Elle démolit, elle ruina, elle avilit. La prospérité publique, la puissance du pays, ses gloires,

(*) Indépendant de la Moselle , 15 octobre 1850.

son industrie , son commerce , tout disparut ou tout fut brisé ; les grandeurs d'un grand règne de dix-huit années furent perdues en un mois. Ce phénomène de malheur était nouveau dans l'histoire ; elle ne fournissait pas les moyens de l'arrêter ou de le détruire. Aussi les hommes politiques jugèrent qu'il fallait contenir le torrent, mais le laisser couler , et l'Assemblée constituante, républicaine par étonnement , par ignorance et par faiblesse , laissa confectionner la Constitution-Marrast par une minorité composée de Commissaires-Ledru-Rollin et d'enfans perdus de la démagogie , élus sous la pression des actes, des menaces et des circulaires , également incroyables , du Gouvernement Provisoire.

En se résignant à cette expérience de l'anarchie , les hommes d'ordre ne se dissimulèrent pas qu'elle serait longue et difficile. Il fallait plus d'un jour et plus d'une peine pour ramasser et éteindre tous ces brandons de désordres , répandus sur toute la surface du pays. Il est vrai que la France , un moment surprise, n'a pas tardé à éprouver , contre ses vainqueurs de hasard et de nuit, la répulsion la plus générale et la plus énergique, dès qu'elle les a vus au grand jour. Mais ils avaient eu le temps de faire un mal immense , de porter partout la perturbation , de soulever les plus mauvaises passions et de personnifier en quelques hommes, naguères suspects ou flétris, les idées les plus subversives du pouvoir , de la morale et de la société.

Aujourd'hui l'épreuve est faite. Si l'on excepte les hommes qu'aucun soleil n'éclaire ou ceux que l'intérêt personnel aveugle , il n'en est pas un seul qui ne condamne et ne rejette les hallucinations des Républicains de la veille, celles mêmes que les amis de l'ordre ont momentanément soutenues par un concours loyal, comme impossibles, impraticables, incompatibles avec le génie de la France, et mortelles pour son existence.

Cette opinion, ce retour à l'ordre et à la vérité, cette revanche laborieuse des honnêtes gens placent les partis dans une situation nouvelle. Celui de l'anarchie, d'abord vaincu par la force, jugé, compté, apprécié, n'a de puissance que pour des désordres partiels, et d'avenir que par des tours de mains, que la police suffira pour surveiller et punir. Il retombe à l'état de conspiration permanente, et le danger de ses coups, comme de ses théories incendiaires, est aussi vieux que les sociétés humaines et durera autant qu'elles.

La situation des partis de l'ordre leur impose désormais une allure différente et de plus grands devoirs. L'anarchie vaincue était la tâche de tous, le but commun, le succès sans lequel il ne pouvait pas y en avoir d'autre. Ce but est atteint, ce succès à peu près complet ; le courage et la vigilance l'assurent. Il faut réorganiser maintenant, et c'est là la difficulté et le danger. Là est l'épreuve suprême des honnêtes gens, la dernière chance des révolutionnaires.

Sans doute, nous ne pouvons pas espérer qu'en se séparant pour marcher en avant, qu'en déployant leurs drapeaux nuancés, qu'en proclamant leurs chefs et leurs principes, les partis, si forts pour se défendre quand ils étaient réunis, ne s'affaiblissent par leur isolement, ne commettent des fautes, ne s'égarent dans leur route, ne se trompent dans leurs espérances et leurs sympathies.

Les erreurs, les malentendus, les injustices, les chocs peut-être sont inévitables entre ces croisés du salut de la France. Il faut s'y attendre sans inquiétudes exagérées, les subir sans découragement les réparer sans présomption. Aucun parti ne doit se prévaloir que de ses efforts pour l'ordre, de son zèle et de ses sacrifices pour l'union. Les attaques intempestives des uns sont aussi blâmables, aussi coupables, aussi périlleuses que les défenses acerbes des autres. L'impatience du triomphe définitif doit être subordonnée aux progrès visibles de la concorde : là seulement est la véritable solution.

XLVII

Lettre de Berlin (*).

(HUITIÈME.)

Berlin, le 6 octobre 1850.

L'INDÉPENDANT ne publiera plus textuellement de *Lettres de Berlin*. Son correspondant ne veut pas que son nom soit connu ; il ne se sent pas l'obligation et encore moins le goût de se soumettre aux lois de la République française. Il n'en admet pas la durée et ne lui donne aucune adhésion. Il la croit incompatible avec l'ordre, non-seulement en France, mais encore en Europe, et il est trop bon allemand, trop heureux et trop fier des succès contre l'anarchie auxquels il a tant contribué, pour ne pas la voir et la poursuivre partout où ses idées monarchiques n'ont pas encore prévalu. Naguères, il nous écrivait plaisamment que jamais, lui, serait-il seul, ne reconnaîtrait la République française. Nous aurions pu sans doute lui répondre par les fou-droyantes paroles du vainqueur d'Arcole au négociateur effrayé de l'Autriche : *la République est comme le soleil levant ; malheur à ceux qui ne sont pas frappés de son éclat.* Mais il eût été capable de nous riposter que ce

(*) INDÉPENDANT DE LA MOSELLE, 17 octobre 1850.

n'est pas au soleil levant qu'en 1850 ressemble la République de 1848, et, quant à son éclat, que les affaires de *Risquons tout* et *du Conservatoire*, seuls mémorables exploits de la valeur démagogique, ne sont pas assez brillantes pour éblouir les nations étrangères et faire oublier les gloires d'un grand règne.

Si donc le diplomate de Berlin veut bien continuer à nous écrire sur la politique allemande, c'est à condition que ses lettres ne seront plus pour nous que de simples documents, et que, les modifiant à notre gré, nous en assumerons la responsabilité légale. Cette honorable et facile condition, nous l'acceptons sans hésiter, et, tout en conservant le titre, l'esprit, l'opinion, la passion peut-être de ces lettres, nous les signerons personnellement.

L'Allemagne poursuit, avec la persévérance calme de son génie national, l'œuvre du rétablissement de l'ordre, qui est à peu près accomplie. A mesure que s'éloignent la date et les souvenirs des saturnales d'une liberté radicale et désastreuse, la prospérité grandit et se développe ; elle ne tardera pas à redevenir aussi florissante qu'avant l'époque néfaste où elle a disparu comme par un satanique enchantement. Les peuples désillusionnés ne demandent à leurs gouvernements que ces efforts et ce bienfait. Ils sont pour longtemps punis d'avoir, un seul jour, souffert l'invasion et les expériences des avocats démocrates, et, pour toujours, dégoûtés de leurs sanglantes aventures. Ils veulent le repos, la paix, l'union, le travail, ces éléments invariables du bonheur public et privé : l'Allemagne ne tardera pas à en jouir complètement.

Il ne faut pas s'imaginer, comme les journaux anarchiques voudraient le faire croire, que des divisions et des conflits sérieux puissent naître de la guerre du Danemarck et du Schleswig-Holstein ou de l'antagonisme politique de la Prusse et de l'Autriche.

Non, il n'y a là aucune chance d'anarchie, aucun profit de désordre à espérer pour les révolutionnaires. La lutte du Danemarck contre une province révoltée ne se prolonge que parce que les Grandes Puissances ne veulent pas engager, pour une cause aussi insignifiante, la question allemande tout entière. Elles connaissent les forces réelles des deux partis, et savent que la victoire du droit est assurée, et, une fois de plus, une dernière fois peut-être, un gouvernement, victorieux et clément, devra réparer les maux qu'aura faits le passage funeste des révolutionnaires.

Ce serait étrangement se tromper, que de voir des conséquences menaçantes pour la tranquillité de l'Allemagne, dans le différend théorique qui existe entre les gouvernements raffermis de Vienne et de Berlin. Le Roi de Prusse a trop longtemps rêvé d'institutions constitutionnelles pour en abandonner, sans regrets, la forme, le langage et l'erreur. Ses illusions universitaires et historiques n'ont pas été dissipées par les Révolutionnaires qui ont taché sur sa tête la couronne du grand Frédéric, et cependant il en est assez humilié pour refuser de revenir à Berlin, où l'appellent tant d'intérêts froissés et repentants. De telles irrésolutions gouvernementales ne peuvent que produire une politique indécise, et effectivement, tandis que la Prusse occupe le grand Duché de Bade pour le soustraire à l'action démagogique, elle agite celui de Hesse-Cassel, par l'appui qu'elle donne à |une résistance révolutionnaire. Elle veut le rétablissement de l'ordre, c'est-à-dire de la force de la confédération germanique en imaginant son union restreinte, et elle repousse la Diète de Francfort, par une concession incroyable à l'œuvre de destruction de 1848. La nation gémit de ces actes, et partout, de Saarlouis à Schirwind et du Nièmen à la Werra, l'opinion publique se prononce pour que le Monarque, mieux conseillé, redevienne véritablement Roi.

L'Autriche, pour contraindre la Prusse à renoncer à ses ménagements envers les révolutionnaires et pour arriver promptement à la paisible jouissance de l'ordre si courageusement reconquis, vient de contracter une alliance offensive et défensive avec la Bavière, la Saxe et le Wurtemberg. Ce n'est rien moins qu'un pacte de famille allemand. L'Impératrice mère est une princesse bavaroise ; l'Empereur va épouser la fille du Roi de Saxe et le prince héréditaire de Wurtemberg est le mari de la grande Duchesse Olga, fille de l'Empereur Nicolas, le puissant et fidèle allié de l'Autriche. Cette quadruple alliance, formée sous de tels auspices, est la véritable unité allemande, et la Prusse ne tergiversera plus pour s'y rallier.

Entourée de puissances qui ont le droit, la force et la résolution ; inspirée par l'Empereur de Russie qui veut l'ordre à tout prix et qui serait seul assez fort pour le lui imposer, elle aura, pour renoncer à ses chimères de l'union restreinte et à ses faiblesses parlementaires, un prétexte plus honorable et une heureuse occasion : c'est la négociation du traité de commerce que lui propose l'Autriche. Toute pensée de politique anarchique ou guerroyante disparaîtra dans les calculs du Zollverein, agrandi d'un vaste empire. Il y a d'immenses intérêts à combiner, une grande administration à établir, le travail de la moitié de l'Europe à rassurer et à mélanger. C'est un merveilleux succès que de lever, sans le bras de la victoire, la barrière aux échanges réciproques et libres entre cinquante millions d'habitants, jusques ici toujours séparés et souvent ennemis. Leur reconnaissance dira bientôt ce qu'il a fallu de sagesse, d'habileté, de prudence pour admettre au même marché les draps de Berlin, les toiles de Silésie, les armes de Solingen, les fers et les houilles du Rhin, et mille autres produits d'une industrie déjà réglementée avec mille produits rivaux, les étoffes de Vienne, les toiles et les draps de la Moravie, les dentelles de Venise, les verres de Bohême, les fers de la Styrie, les peaux de Tyrol, les cuirs de la Hongrie ; en un mot, pour unir l'Allemagne entière par le même commerce, les mêmes intérêts et les mêmes prospérités.

Voilà un noble but ; voilà de la grande politique ; voilà une immense gloire. Il n'y a pas de gouvernement qui ne comprenne et n'ambitionne l'honneur de signer ce dernier protocole de l'ordre.

XLVIII

Les Réactionnaires (*).

Les journaux démagogiques, de plus en plus exaspérés de voir l'ordre se rétablir malgré eux, attaquent avec plus de violence que jamais les hommes et le parti qui en sont l'expression et la force. Ils les accusent du vide national qui se fait et s'élargit de plus en plus autour d'eux, de l'irréparable déclin de leurs institutions déjà caduques, de la malédiction générale de toutes leurs œuvres. Ils ne nous pardonnent pas de dire que leur Constitution-Marrast se meurt et qu'elle est morte ; ils n'osent pas nous proscrire comme révolutionnaires, parce qu'ils savent sur qui retomberaient la menace et l'injure ; mais ils nous mettent au ban prochain de la démocratie victorieuse, sous le nom de réactionnaires, d'aristocrates, de monarchiens, tout comme en 1792.

Ils ont raison. Si un réactionnaire est l'homme qui voit, avec autant de douleur que d'humiliation, le régime qu'ils ont violemment infligé à la France surprise et consternée ; si un réactionnaire est l'homme qui gémit sur la perte des prospérités, des gloires et de la puissance dues au génie d'un grand Roi ; si un réactionnaire est l'homme dont le front se plisse et rougit au souvenir de ces vainqueurs de Février, qui ont tenu dans leurs mains la fortune et les destinées de son pays, oui, nous sommes réactionnaires et nous prétendons à l'honneur de l'être au premier chef.

Nous le sommes d'autant plus que le temps, en dévoilant les misérables causes et en stygmatisant les véritables auteurs de la révolution de 1848, nous apprend mieux, chaque jour, combien ils étaient coupables de la faire et indignes de la diriger. A mesure qu'ils en perdent les profits inespérés ou que leurs victimes surmontent la frayeur d'une telle catastrophe, ils éprouvent tous, par repentir ou par courage, le besoin de faire connaître la vérité. Aussi lisons-nous sans cesse des justifications ou des révélations ; encore un peu de patience, et la vérité entière sortira de ces remords et de ces plaintes. Déjà la lumière vient de plusieurs côtés. Elle nous vient des fuyards du Conservatoire, qui s'accusent mutuellement de leur défaite et de leur exil, en se déchirant par leurs écrits ; elle nous vient des prisons, où les condamnés des justices du pays luttent au pugilat sous les escaliers et aux dénonciations dans les journaux ; elle nous vient et nous viendra infailliblement des aveux que les mécomptes ou la jalousie inspirent toujours aux complices dupés. Le moment n'est donc pas éloigné où nous saurons tout, la biographie, les complots, les appétits de tous ces vainqueurs de la veille, depuis le bagne et le cabaret jusqu'aux salons de l'Hôtel-de-Ville, du Luxembourg et de la Préfecture de police.

Déjà nous avons été édifiés par les livres des citoyens *Chenu* et *de la Hodde*, ces TACITE oculaires et repentants d'annales immondes. Ils prétendent avoir dépeint fidèlement une face de la figure démagogique. Voici un autre livre qui la dessine à un autre point de vue ; ils se raccordent par le pillage et le sang.

En écrivant son chapitre historique, DES RÉVOLUTIONNAIRES DANS LES CARROSSES DU ROI, dont nous n'avons pu donner que des extraits, M. *Tirel*, contrôleur des équipages, nous fait d'abord assister à l'assassinat encore impuni de leur piqueur *Hairon*, hideuse scène de sauvages, qui, pour dépouiller leur proie, n'attendent pas qu'elle ait laissé échapper le dernier souffle de sa poitrine et la dernière goutte de sang de ses blessures. Puis vient l'auto-da-fé des voitures royales, allumé, entretenu, chanté par une de ces bacchantes de carrefour, dont la démagogie fait à volonté les vierges de ses fêtes, des déesses de la raison ou des tricotteuses, et, comme prélude de ces rôles, cette furie bourre de paille la berline du Roi et la traîne enflammée près d'un poste de gardes municipaux, pour asphyxier ces intrépides et fidèles soldats que toutes les *Théroigne de Méricourt*, en carmagnole ou en jupons, n'auraient pu ni séduire ni égorger. Enfin les vainqueurs qui brûlent et qui tuent, font place aux vainqueurs qui jouissent, et M. *Tirel* nous montre à quelles conditions hiérarchiques du vol, les fruits de la victoire ont été partagés. A qui une calèche, à qui un coupé, à qui des chevaux de selle, à qui un train de six cochers ? Et qui paiera ? La République ? Non. Les intègres citoyens qui se font royalement voiturer aux dépens du Roi ? Encore moins. Ils agiront comme ces honnêtes industriels qui prennent un fiacre à l'heure et qui, se faisant conduire, pour dernière course, dans une maison à deux issues, s'esquivent par celle de derrière. Qui paiera donc ? La publicité ; la justice de l'histoire lui donnera quittance.

M. *Tirel*, qui paraît très-bien renseigné sur les hé-

ros qu'il chante, compte la quantité de barriques et
de bouteilles de vins étrangers que ces spartiates
d'estaminet ont soustraites des caves du Roi. Il sait
également le nombre de chambres et de salons que
chacun d'eux s'était attribué dans les Palais où ils
s'abattaient de leurs mansardes ; il nomme celui qui,
ne se contentant pas, dans quatorze pièces, des meubles
qui suffisaient hier aux plus hauts dignitaires de la
Monarchie, faisait enlever, à Vincennes, le mobilier de
Mgr le duc de Montpensier et exigeait les équipages et
les cuisiniers de Mgr le duc d'Aumale, pour chasser à
courre et dîner à Chantilly, en magnifique prince du
sang de la République. Comme dernier enseignement,
M. Tirel nous conduit à la destruction et au sac du
château de Neuilly, énumère les vols qui y ont été
commis, en calcule les profits, et nous raconte de si
dégoûtantes scènes que l'imagination la plus dévergondée
ne les inventerait pas.

Non, non, l'histoire ne croira jamais en quelles mains
la France était tombée, lorsqu'elle connaîtra complètement ceux qui l'ont ainsi profanée. Les contemporains n'admettront pas ainsi la vérité telle qu'ils
l'auront vue. Ils accuseront leurs yeux mêmes d'aveuglement de parti, de mensonge, de mirage, et leur
raison de vertige. Jamais Rome, dans les saturnales de
ses Maîtres et de leurs affranchis les plus pervers ;
le Bas-Empire, dans ses convulsions du cirque les
plus repoussantes ; aucune nation moderne, qu'elle ait
subi Artewelt, Mazaniello, le Directoire, ne s'était à
ce point dégradée. Pour en tracer le honteux et vé-
ridique souvenir, ce seront surtout les registres de
la police, les jugements de tribunaux, les arrêts des

cours d'assises, qu'il faudra dépouiller. Aussi le châtiment est long et sévère, et quand Dieu en marquera le terme, le terme prochain, nous l'espérons, la France pourra mesurer ce que lui coûte d'honneur, de prospérité et de gloire, un jour de faiblesse et d'ingratitude.

XLIX

Des Caisses d'Epargne (*).

⸺✦⸺

Le rapport remarquable de M. François Delessert, sur la Caisse d'Epargne de Paris, fait naître les plus sérieuses réflexions, en démontrant, par l'évidence effrayante des chiffres de pertes et de misères, combien le peuple, au nom de qui s'agitent mensongèrement les révolutionnaires, paie leurs excès et souffre de leurs folies.

Les caisses d'épargne, trésor moderne de l'économie des classes laborieuses, datent, en France, de 1819. Elles sont un bienfait de la Monarchie, elles attestent, une fois de plus, ses efforts pour améliorer, par des institutions sages et efficaces, le sort et l'avenir des travailleurs. La Royauté avait glorieusement réussi. Les dépôts des caisses d'épargne montaient à plus de TROIS CENT SOIXANTE MILLIONS, quand a éclaté la révolution de février. Ils avaient été fournis en grande partie par des ouvriers, quoiqu'en aient dit les Révolutionnaires pour faire croire que les ouvriers ne pouvaient pas faire d'économies sur leurs salaires : « Des 180,000 déposants à » la caisse d'épargne de Paris, dit M. Delessert, la » moitié au moins appartiennent à la classe des ou- » vriers,..... et c'est du 3ᵉ arrondissement, ou du fau- » bourg St-Antoine, que viennent les plus nombreux

(*) INDÉPENDANT DE LA MOSELLE, 14 novembre 1850.

» dépôts. » Cette fortune du travail était doublement assurée par la responsabilité du trésor public, qui en est surtout le garant, et par des placements avantageux, soit en rentes sur l'état, soit en actions de canaux. Un compte-courant d'une SOIXANTAINE DE MILLIONS, prudemment calculé sur les données de l'expérience, assurait les remboursements immédiats et ne laissait de motif à aucune inquiétude, de prétexte à aucune méfiance. La sécurité des déposants répondait à la sagesse de l'administration et à la sollicitude du prince. Enfin, pour donner plus d'assurance encore à cette sécurité, le gouvernement du Roi fit, en 1835, passer les caisses d'épargne du régime des ordonnances au régime de la loi.

Toutes ces sages mesures portaient leurs fruits, et les classes laborieuses en comprenaient de plus en plus le mécanisme et les avantages. Elles apprenaient à travailler pour les vieux jours et pour la famille ; en économisant les plus faibles sommes, elles achetaient une propriété qui n'est bornée ni par un fossé, ni par un mur mitoyen, qui n'est jamais obérée par l'impôt ou menacée par l'intempérie des saisons, qui est un champ par la solidité et une rente pour l'échange , qui rend le travail plus fécond et l'ennoblit en lui donnant un but aussi moral et un sentiment aussi élevé. Dieu seul pouvait juger ce que les TROIS CENT SOIXANTE MILLIONS représentaient d'affections paternelles, de sacrifices honnêtes, de bonnes actions et de vertus domestiques.

La Révolution de 1848 a lieu.

Pour se justifier, pour expliquer sa surprise, pour essayer de s'établir, elle devait faire croire au peuple que la Monarchie le trompait, se jouait de ses sueurs, abusait de son épargne, était hors d'état de la lui restituer. Aussi, dès le premier jour, les Républicains de la veille eurent-ils l'audace de crier que leur *République avait sauvé la France de la Banqueroute* et qu'ils n'avaient trouvé que *soixante millions* pour rembourser les *trois cent soixante* dûs aux caisses d'épargne. Trop de gens ajoutèrent foi à cette infamie officielle, et le tour de discrédit fut fait pour tous les badauds imbéciles et poltrons qui entouraient les tréteaux du Gouvernement provisoire.

On raconte qu'un jour, à la tribune sanglante des Jacobins, pour justifier les actes de salut public qui s'accomplissaient sur la place de la Révolution, un montagnard s'écriait en parlant des victimes: *nous ne voulons que leur bien*. NOUS NE LE SAVONS QUE TROP, répondit une voix courageuse de l'auditoire. Nous aussi, nous ne savons que trop ce que les Révolutionnaires de 1848 ont fait des finances prospères de la Monarchie. Le récent et solennel arrêt de la Cour des Comptes et les honteux détails du budget de cette funeste année ne peuvent laisser aucun doute aux plus incrédules, aucune nuit aux plus aveugles, aucune excuse aux plus complices. Nous allons voir ce qu'ils ont fait des caisses d'épargne, eux, ces prétendus amis du peuple, si jaloux de ses intérêts, si capables de les administrer et de leur inspirer plus de confiance que la Monarchie; ils sont à l'œuvre.

Malgré leurs fanfares, la stupeur produite est si universelle, si profonde, si soudaine, que les capitaux se cachent partout, que le crédit disparaît immédiatement,

que le travail cesse et que, pour supporter ces misères
inattendues, les ouvriers, les véritables ouvriers, ceux
qui ne vont ni à la solde de l'émeute, ni à l'oisiveté
des ateliers nationaux, sont réduits à prendre le chemin
de la caisse d'épargne. Mais le pain, qu'ils y vont chercher, leur manquera par la même cause qui leur enlève le travail. Les immenses réserves du trésor royal
ont été promptement dissipées et les remboursements
sont impossibles : la République est en déconfiture fla-
grante, après deux mois d'existence. Alors les Révolutionnaires aux abois, qui avaient tant calomnié le Gouvernement du Roi, parce qu'il avait acheté des rentes
sur l'Etat avec l'excédant des dépôts, dont la censerva-
tion improductive eût été une absurdité et un danger,
ordonnèrent la conversion des dépôts en rentes, au taux
de *quatre-vingt francs* par chaque *cinq francs* de rente,
quoique le cours de la Bourse ne fût coté qu'à 71 fr.
60 c. : iniquité si grande, attentat si odieux contre les
classes laborieuses que l'Assemblée constituante elle-
même accorda, à chaque déposant, par la loi du 21
novembre, une COMPENSATION de 8 fr. 40 c. par chaque
cinq francs de rente ! Pour donner une idée des pertes
causées par le décret spoliateur du 7 juillet 1848, il
nous suffira de dire qu'à Paris seulement il atteignait
108,549 livrets, et que la somme totale restituée par la
loi réparatrice du 21 novembre se montait à plus de
TRENTE QUATRE MILLIONS.

Cette banqueroute de *trente-quatre millions*, dans des
circonstances où ils auraient satisfait à tant de besoins
et soulagé tant d'infortunes, n'était pas la dernière
épreuve infligée aux malheureux déposants par les or-
donnateurs des *quarante-cinq centimes*. La loi du 21

novembre 1848 était plutôt une satisfaction à la conscience publique indignée que le remboursement immédiat d'une exaction. Le trésor était vide et les livrets
de compensation ne furent déclarés disponibles qu'à
dater du 1er juin 1850, deux ans après le décret de
conversion forcée, deux ans d'attente dûs encore aux
financiers, dont le charlatanisme annonçait la veille tant
de plans merveilleux pour le soulagement du peuple.

Pour avoir une idée plus exacte encore des pertes
qu'ont éprouvées les classes laborieuses, il faut apprécier la signification de quelques chiffres : ainsi les versements à la caisse d'épargne de Paris, pendant les
deux premiers mois de 1848 s'élèvent à plus de CINQ
MILLIONS, et pendant les *dix derniers mois* ils n'atteignent
pas DEUX MILLIONS. En 1849, les recettes ont été de
QUINZE MILLIONS ET DEMI, et, pendant les *neuf premiers
mois* de 1850, elles ont dépassé DIX-NEUF MILLIONS ;
la prospérité croît avec l'affermissement de l'ordre. M.
François Delessert entre, à ce sujet, dans de curieux
détails :

« Le mouvement ascensionnel des versements, qui
» avait commencé immédiatement après l'élection du 10
» décembre 1848, puisque du 3 au 31 de ce mois ils
» avaient doublé (42,000 fr. et 84,000 fr.), ce mouve-
» ment a été encore plus sensible dans les quatre pre-
» miers mois de 1849 ; les recettes se sont élevées par
» semaine, d'abord à 100,000 fr., puis à 200,000 fr.
» ensuite à 300,000 fr., et enfin jusqu'à 400,000 fr.
» Elles sont retombées en mai et en juin au-dessous
» de 200,000 fr. Les élections pour l'Assemblée légis-
» lative, et la tentative d'insurrection au Conservatoire

» des Arts et Métiers sont les principales causes qui
» ont arrêté à cette époque la progression des verse-
» ments. Au 1ᵉʳ juillet 1849, ils avaient repris leur
» importance (400,000 fr.) Les élections partielles de
» juillet, la prorogation de l'Assemblée nationale, en
» août, n'ont influé que d'une manière insignifiante sur
» nos progrès pendant le troisième trimestre de 1849.
» Quant aux trois derniers mois, ils ont continué la
» marche ascendante des premiers, et les recettes se
» sont presque constamment maintenues au-dessus de
» 400,000 fr., à l'exception des dernières semaines de
» décembre, qui, tous les ans, en temps ordinaire, pré-
» sentent les mêmes symptômes de décroissance.

» Si nous voulons anticiper sur les situations encore
» plus favorables pour la Caisse d'épargne, de l'année
» 1850, nous vous dirons que pendant les mois de jan-
» vier et de février, les versements ont pris un déve-
» loppement tel, que la recette de chaque semaine a
» atteint et souvent dépassé un demi-million. En mars
» 1850, les élections partielles et les appréhensions que
» faisaient naître quelques événements politiques ont
» exercé une influence notable; le chiffre des verse-
» ments est descendu au-dessous de 300,000 fr. par
» semaine. Il s'est relevé en avril jusqu'à 400,000 fr.
» pour retomber à une moyenne de 300,000 fr. pen-
» dant le mois de mai, par suite de nouvelles préoc-
» cupations politiques. Ce n'est qu'en juin que les
» dépôts se sont élevés de nouveau à un demi-million
» par semaine. »

Ainsi plus les oscillations de la tranquillité publique
sont fréquentes et prolongées, plus l'épargne ou le tra-

vail qui la produit et la représente, est difficile ou impossible ; plus la révolution se tait et s'éloigne, plus la prospérité redevient générale et féconde. Entr'elles il y a le gouffre de la misère et de la ruine, creusé par les révolutionnaires, qui se font un marche-pied ou un butin des intérêts sacrés du peuple, comme un jouet de nos Institutions, de nos gloires et de nos prospérités.

L

Il n'y a de Républicains que ceux qui ne le sont pas (*).

~~~∞∞~~~

Tout le monde sait quels étaient les Républicains en 1848, avant le 24 février. On les pouvait nombrer sans effort et les désigner par leur nom, par leur renommée, par leurs desseins, par leurs ardeurs. Leur imperceptible minorité ne le cédait qu'à leur importance inappréciable. Ils formaient une secte éparse et discréditée, point un parti sérieux, réduits à taire une doctrine souvent incomprise, à voiler leurs images, à décolorer leur drapeau, à renier leur filiation. Nous en connaissons même, et des plus fougueux après, qui alors étaient fatigués de leur opposition au Gouvernement royal, qui s'effaçaient avec empressement derrière la fatale et criminelle Réforme, cette sédition perfide du tiers-parti, et qui n'attendaient qu'une occasion trop tardive ou une séduction mendiée secrètement, pour capituler avec leur conscience et toucher le prix de leur impatiente apostasie.

Le lendemain du 24 février, au bruit de ce tonnerre sans foudre qui fit tant de peur aux honnêtes gens surpris, les Républicains de la veille se distribuèrent sans résistance leur conquête inespérée, avec plus de facilité,

(*) Indépendant de la Moselle, 24 novembre 1850.

que les compagnons de Guillaume-le-Conquérant, les baronnies de l'Angleterre. En quelques jours, la France fut partagée entre les commissaires extraordinaires, et réduite, par décret, à l'état de République; mais, en quelques jours aussi, elle jugea le régime et ses agents, comprit leur but et leurs ferveurs républicaines, voulut s'affranchir de leur inqualifiable oppression, et se tourna vers les hommes dont elle avait éprouvé les talents et les services pour être promptement délivrée de ces hontes, de ces misères et de ces ruines.

Mais ces hommes expérimentés avaient compris, dans les alarmes et la prévoyance de leur patriotisme, que l'ébranlement donné à l'opinion publique, quelque funeste et éphémère qu'il fût, ne devait pas être soudainement arrêté. Puisque la République avait été acceptée avec une si déplorable facilité, subie avec une si lâche résignation, il fallait en parcourir le cycle fatal, en surveillant ses écarts et maîtrisant ses penchants trop connus. Ils se mirent donc résolument à l'œuvre pour remplacer les folies et l'impéritie des Républicains de la veille par la sagesse des Républicains involontaires du lendemain, et faire vivre, par un concours aussi loyal que nouveau, ce régime, défi désastreux à la raison et à la prospérité publiques, que les inventeurs dispersés, poursuivis ou repentants auraient déjà précipité, par la terreur ou l'invasion, dans les abîmes.

En peu de temps, en effet, ils avaient tout désorganisé, tout perdu, tout flétri. A l'extérieur, la France naguères si respectée, n'avait pas plus de puissance par ses manifestes insensés que de dignité par ses envoyés suspects. A l'intérieur, qui peut avoir oublié ces jours néfastes et ces saturnales à jamais lamentables ! un peu de calme, d'ordre, d'honneur, ne revint qu'à la voix reconnue des hommes modérés, trop timides peut-être, qui promirent le repos et l'avenir comme prix d'une résignation encore nécessaire et d'une expérience républicaine prolongée jusqu'à l'évidence du résultat.

Ainsi, la condition de l'existence de la République, c'est qu'elle fût gouvernée, administrée, jugée, servie par des hommes qui en repoussent le principe et la possibilité, et qui sont cependant assez patients pour l'expérimenter jusqu'à ce qu'elle fatigue ceux-là même qui l'ont appelée ou reçue de bonne foi. Ce sont les vrais Républicains de la République ; eux seuls la font vivre de la seule vie qu'elle puisse supporter ; sans eux, elle se serait éteinte déjà dans l'impuissance ou noyée dans le sang. Elle n'avait de salut et de durée que par les Républicains qui ne l'ont jamais été, qui ne le seront jamais, qui ne le sont momentanément que par l'hypothèse de l'impossible et la condescendance de leur sagesse, sauveurs généreux du navire armé contre eux par les pirates de la société.

Singulière destinée, situation expiatoire de la surprise de 1848 ! Ceux qui l'ont faite et qu'elle a élevés en sont les ennemis et les destructeurs ; ceux qu'elle a renversés la veulent soutenir et l'aident à durer. Avec ceux-là, elle serait mort-née, débile ou furieuse ; avec ceux-ci, qui ont recueilli l'abondonnée de la démocratie, elle aura vécu. Cette révolution n'est pas comme Saturne, ainsi que le disait Vergnaud de celle de 1791 ; ce sont ses enfants qui la dévorent. Quand ils s'en approchent, ils lui apportent la mort. Le 15 avril, le 16 mai, le 24 juin 1848, sont les dates de ces étreintes .parricides dans les rues ; il y en a cent autres dans les clubs, dans les complots, à la tribune, partout où quelques vainqueurs de la veille osent faire entendre leur voix ou soulever leurs masques. La République effrayée ne veut ni d'eux, ni de eur paternité. Elle les rejette et les flétrit par l'anachronisme du 4 mai, qui est la justice de leur propre tribunal, justice d'autant plus significative et vengeresse qu'elle condamne ceux qui lui ont remis le pouvoir de juger, et qu'elle s'appuie sur ceux qui, s'ils l'avaient pu et osé, auraient justement condamné la République même. Mais ils ont mieux aimé, par une prévoyance que l'histoire peut-être traitera de faiblesse, laisser la République s'essayer et se prouver elle-même impossible avec ses amis, viable seulement au gré de ses ennemis, c'est-à-dire République sans Républicains. Quand ces preuves seront jugées suffisantes et que les Républicains, qui ne le sont pas, auront trouvé qu'ils se sont assez longtemps soumis à faire marcher la République contre ceux qui la veulent et malgré ceux qui ne la veulent pas, alors ils reprendront leur véritable courage..... ET DIEU FERA LE RESTE.

LI

Attitude parlementaire des Montagnards (*).

A mesure que s'accomplissent les destinées de la Ré-
olution et des hommes de 1848, la France revient avec
lus de promptitude et de succès aux idées d'ordre et
'avenir , si bouleversées depuis Février. Ce retour se
ianifeste dans les faits comme dans les esprits , et nous
llons le voir dominer, surtout dans les délibérations de
Assemblée. Les Représentants en rapportent avec eux la
alutaire influence , après l'avoir, pendant trois mois,
tudié dans leurs départements. Les uns, les membres
e la majorité, seront plus énergiques, et il en est temps ;
es autres, les Montagnards , s'ils ne sont pas moins ré-
olutionnaires par repentir , le seront par découragement
t par abandon. Leurs violences ne trouvent plus d'appuis,
eurs vociférations plus d'échos, leurs audaces plus de
aiblesses. Il viennent d'en faire une rude expérience ;
es vacances législatives leur ont donné de dures leçons,
t la France n'a pas payé trop cher, à 25 francs par
our , leurs loisirs instructifs.

Ils ont , en effet , eu le temps et les moyens, non plus
d'écouter seulement les frères et amis dans les clubs préparés et sympathiques, mais d'entendre, quelquefois malgré eux , la véritable opinion publique, celle du vrai
peuple, du peuple qui croit à la Religion , à la famille,

(*) INDÉPENDANT DE LA MOSELLE, 24 novembre 1850.

à la propriété, qui a souffert avec la révolution, et qui
n'en veut ni la durée ni le développement. Ces fauteurs
de l'anarchie auront appris ce que le pays veut réellement, ce qu'il refuse, ce qu'il maudit ; ils auront connu
la vérité, telle qu'on ose enfin la leur dire, sans crainte
qu'ils la dénaturent ou l'étouffent. Ils auront comparé
les hommes qui les approuvent avec ceux qui les repoussent, et fait des uns aux autres la différence de situation,
d'estime et de valeur. Durant le cours de leur oisiveté
dorée, ils ont dû mesurer le chemin gagné par les honnêtes gens, et la distance où est laissée leur sanglante
et honteuse cohue ; ils ont pu enfin juger les chances
prochaines d'une stabilité, qui est leur condamnation
pour le passé, leur réprobation pour l'avenir.

Sans doute, pour recevoir et comprendre ces enseignements populaires, les Montagnards en vacances n'ont
pas eu besoin de réunir autour de leurs trétaux, comme
aux beaux jours de leur domination incontestée, des
populations égarées ou stupéfaites. Ils ne l'avaient essayé
qu'à leur confusion ; nulle part ils n'auraient recommencé impunément les triomphes du désordre. S'ils l'ont
une fois tenté, comme dans la Corrèze, en agitant quelque
village obscur, encore trompé par leur souvenir, il a
suffi d'un maire ferme et de quelques gendarmes pour
dissiper l'auditoire et imposer silence à l'orateur, venu
de si loin. L'exhibition menaçante des insignes de représentant du peuple n'a été qu'une vaine sauvegarde
contre la loi du flagrant délit, et qu'une inutile barrière
contre le bras résolu qui l'exécutait. Le pays ne reconnaît
plus de chefs d'émeute privilégiés, et il applaudit à tous
les courages qui l'en délivrent.

C'est donc sous les mécomptes de cette unanime répression que les Montagnards sont rentrés dans l'Assemblée. Ils y ont apporté la triste certitude qu'ils sont de plus en plus abandonnés, que leurs colères n'auront plus de retentissements, que leurs théories ne feront plus de dupes, ni leurs appels de victimes ; leur minorité ira tous les jours s'affaiblissant par les représailles de l'ordre. Isolés, affaiblis, discrédités, surveillés, leur voix n'annoncera plus des batailles, comme celle qui donna le signal du 13 juin ; elle n'aura que la puissance des scandales ; elle est descendue dans la hiérarchie du désordre et de la révolution.

Mais ils n'en sont pas moins dangereux. Ce n'est pas à force ouverte qu'est venue la catastrophe de février ; ce n'est point à la lumière du soleil que se glissent de telles surprises. Les Montagnards, aujourd'hui moins que jamais, peuvent compter sur eux seuls. Leur habileté comme leur courage est de se mettre au service de toutes les turbulences, de faire l'appoint de toutes les anarchies. Leur mission, c'est le trouble. Depuis trois mois, elle échoue dans le pays; ils vont la reprendre dans l'Assemblée ; là aussi elle s'affaiblira. Mais il faut qu'ils obéissent à l'esprit démagogique qui les possède et les pousse ; c'est le génie du mal ; s'il nous était permis de blasphémer, nous l'appellerions le Dieu du malheur. Et ce Dieu, réalisant les paroles du plus grand des orateurs chrétiens, chasse devant lui les révolutionnaires de tous les rangs et de toutes les tailles, de toutes les couleurs et de toutes les aventures, grands et petits, jeunes ou vieux, impatients, hypocrites, criminels: les chasse vers les justices du pays, en leur disant conspire, conspire, et lorsqu'ils sont saisis d'épouvante à l'approche du tribunal qui va les condamner selon leurs œuvres, l'inexorable

voix leur crie encore : marche , marche , sans les laisser
regarder en arrière , parce qu'on ne remonte pas plus là
pente du désordre que celle de la vie. Et bientôt seront
tombés, sous la vengeance des lois et de l'opinion publique, dans le pays comme à l'Assemblée, les derniers
de ces hommes qui espéraient troubler toujours le repos
de la société, une fois surprise.

LII

Les Bulletins du Gouvernement provisoire (*).

On oublie vite en France. La mémoire des intérêts n'y est pas plus longue que la mémoire des sentiments. Il suffit d'un jour de malheurs pour dissiper le souvenir de longues années de prospérités, et un rayon de soleil efface les traces profondes du plus terrible orage. Les hommes et les évènements ne font que passer ; ils ne datent d'hier que par l'histoire écrite.

L'expérience est pourtant la grande conseillère des nations, et il est triste que la mobilité de notre caractère nous prive d'en conserver les leçons. Une révolution ne nous enseigne ni à mesurer les maux qu'elle apporte avec elle pour si longtemps, ni à prévenir une révolution nouvelle, qui est toujours prochaine. Notre légèreté est à la merci de toutes les surprises.

Celle de février devrait être toujours présente à notre esprit, toujours effrayante pour notre avenir. Le mal qu'elle a fait est d'une incalculable durée, et le mal moral est autrement grand que le mal matériel. Sans doute, les mauvaises doctrines et les théories sociales les plus dangereuses et les plus coupables sont de toutes

les époques et se répandent sous tous les gouvernements.
Mais elles n'avaient jamais obtenu la consécration officielle d'un pouvoir souverain, et le gouvernement provisoire est le premier qui ait eu l'initiative de la propagande de l'anarchie.

Si l'un des plus mauvais souvenirs de la catastrophe
de février est la publication des fameux *Bulletins de la
République*, peu de personnes se rappellent ce qu'ils
contenaient. On a oublié combien l'audace du mal dé-
passe le cynisme de l'expression, dans cette œuvre des
passions conjurées de Jacobins, de prêtres défroqués et
de viles courtisanes. Il nous a semblé utile d'en exhu-
mer quelques passages, d'en résumer l'esprit, si nous
pouvions appeler ainsi le poison que chaque ligne distille.
Nous apprendrons de nouveau ce qu'alors on osait dire,
ce qu'on osait promettre, ce qu'on osait reprocher. Nous
savons par quels faits ont été suivies de telles paroles,
et nous jugerons mieux ces éternels charlatans de la démagogie, incapables même de faire tout le mal qu'ils
rêvent, quand ils ont le pouvoir d'agir. Ils ne sont
propres qu'à souffler les convoitises du désordre universel.

C'est ce désordre qui était le but officiel de leurs
Bulletins. Ils en sont le *Moniteur*, comme le Luxembourg
en était devenu l'école, et la préfecture de police la
sentine. Désordre d'idées, désordre de faits, désordre
pour le passé, désordre surtout pour l'avenir, mensonges, calomnies, hableries démagogiques et criminelles
doctrines, c'est ce que les Révolutionnaires de la veille
appelaient *l'idée nouvelle* ; il ne lui a manqué que le
courage d'être sanglante pour n'être que l'idée pla-
giaire de 93.

Ces *Bulletins* devaient être affichés dans toutes les communes ; ils s'adressaient surtout *au peuple des campagnes, jusqu'ici déshérité des droits politiques et qui ne communiquait avec le Gouvernement que par l'intermédiaire du percepteur. Habitants des Campagnes, ouvriers des cités industrielles*, s'écriait le premier Bulletin de ces vainqueurs de hasard, *la vie politique qui commence pour vous a sa morale, ses lois, ses obligations. A qui appartient-il mieux de vous les faire connaître qu'à ceux que votre confiance a placés à votre tête? Chaque jour le Gouvernement va se mettre en communication directe avec vous. Chaque jour sa parole, multipliée dans vos hameaux, dans vos carrefours, ira vous porter des encouragements et des conseils. Vos rues seront autant de tribunes et vos murs autant de voix.*

Il faut le relire pour le croire et on ne le croira pas. Ces hommes, qui, le 13 mars, accusaient le Gouvernement monarchique de ne communiquer avec les *agriculteurs* que par le percepteur, devaient trois jours après, infliger à l'*agriculture*, ruinée par eux, leurs QUARANTE CINQ CENTIMES. Ces hommes qui annonçaient *la vie politique* au peuple des campagnes et aux ouvriers des villes industrielles, réduisaient, par leur fatale présence, les denrées agricoles au plus vil prix et le travail au plus désastreux chômage. Le peuple des campagnes payait, pour la contribution de leur victoire, un impôt double avec des produits dont elle avait diminué la valeur de moitié, et les ouvriers ne gagnaient pas de quoi acheter le pain à si bon marché. Voilà la vie politique qui commençait pour eux; les ateliers nationaux devaient la développer jusques aux combats de juin, aux massacres et aux justices du pays.

Non, non, ce n'est pas la vie politique, dont les rues des villages sont les tribunes, que demandent leurs laborieux et sages habitants. Leur vie politique, c'est le travail, et le travail c'est l'ordre qui, seul, le procure et le rémunère. Mais l'ordre n'est jamais la Révolution, celle qui a détruit la prospérité la plus inouie dans notre histoire, au profit de quelques aventuriers d'actions et de paroles. Aussi *le peuple des campagnes* n'a été ni surpris ni dupe. Il a jugé, d'après les *Mercuriales*, la vérité des promesses républicaines qu'on essayait de substituer aux réalités de la Monarchie, et ses *murs* ont été bientôt *autant de voix* pour condamner et maudire ceux qui espéraient le tromper assez sur ses intérêts pour le rendre complice de leurs passions démagogiques. Il leur a répondu le 10 Décembre, en recherchant la force et l'abri du nom le plus écrasant pour l'anarchie ; il leur a répondu le 12 mai, en expulsant de l'Assemblée les chefs qu'une surprise électorale seule avait pu y introduire ; il leur répond chaque jour, il leur répondra de plus en plus, et, à mesure que nous parcourrons ces hideux *Bulletins*, notre mémoire sera plus étonnée et nos remords plus cuisants.

Non, quand on lira de sang froid, dans le calme de l'esprit et des événements, les *Bulletins du Gouvernement provisoire*, on ne croira pas que ce gouvernement de l'anarchie, quelque révolutionnaire et misérable qu'il ait été, ait pu les écrire ou les accepter. On ne l'excusera point par l'ivresse d'une victoire inattendue et incomprise ; le triomphe le plus inespéré doit avoir sa retenue et ses pudeurs. L'on dit bien comment le Gouvernement provisoire, pour ses fameuses fêtes pastorales où des vieillards avinés conduisaient, avec des bœufs

aux cornes dorées, les produits en carton de l'agriculture des faubourgs, trouvaient les pudiques vierges qui
chantaient, sur des airs champêtres, sa victoir e et la liberté ; mais ces vierges avaient aux moins des robes
blanches et se conformaient, dans le rôle de leur vertu
officielle, à la décence de leur costume.

Seul le langage du gouvernement provisoire a perdu
toute réserve. Il ment, il calomnie, il trompe, il outrage.
Nous ne redirons pas comment il raconte la chute de la
Monarchie. Notre dégoût dicterait à notre plume des
expressions que notre colère même regretterait.

En parlant du Roi Louis-Philippe, un de ces ignobles
bulletins s'exprime en ces termes : *il est allé pleurer à
l'étranger la perte de sa couronne et jouir de tous les
millions qu'il a enlevés à la France.* On le sait aujour-
d'hui : les chiffres républicains ont constaté la vérité
qu'avaient si malheureusement dissimulée la charité la
plus sainte et la magnificence la plus auguste. Jamais
fortune de Prince n'a été plus royalement dissipée pour
les arts, pour le malheur et pour la gloire.

Après de telles injures à la Royauté tombée, les fanfares pour l'avènement du gouvernement provisoire et
autant de courage pour celle-là que de vérité pour
celui-ci. *Le peuple a désigné par ses acclamations ceux
des députés qu'il savait être ses amis ;* le peuple des
bulletins, c'est-à-dire quelques centaines de bandits qui
avaient osé pénétrer dans la Chambre des Députés,
quand ils ont su qu'elle n'était pas défendue. Et puis,
le lendemain, la proclamation de la République, quand
la veille le gouvernement effrayé promettait de consulter la nation : *à ce mot magique... la France entière*

a tressailli. Ce sublime spectacle donné par la popula-
tion de Paris a rencontré partout des admirateurs.
Chacun se sentait fier d'être l'enfant d'une famille ainsi
représentée. Le mot magique a effectivement fait tressaillir la France, et sa stupeur a été si profonde à la
nouvelle de la CATASTROPHE DE FÉVRIER, qu'elle ne lui
a opposé que la résignation du moment et le désespoir
de l'avenir. Voilà les vrais sentiments que lui a donnés
le *sublime spectacle* et les malédictions universelles qu'a
recueillies l'imbécile *population de Paris.* Mais aussi,
pour la conquérir après l'avoir surprise , *le gouverne-*
ment provisoire a montré immédiatement la droiture de
ses intentions et la force de son autorité... il a converti
le Palais des Tuileries, séjour de la Royauté, en une
maison d'asile pour les ouvriers vieux et infirmes... il
a proclamé l'abolition de la peine de mort. En même
temps il ouvrait les ateliers nationaux et constituait, au
Luxembourg , dans le palais même de la patrie , une
commission...

Arrêtons-nous. Les événements, les misères, les ruines,
la guerre civile, n'ont que trop répondu à ces stupides
et criminelles folies. Qui ne se voile à ces souvenirs ?
Qui ne regrette un jour de faiblesse et de stupéfaction ?
Qui veut avoir été dupe de telles mystifications ? Qui ose
prononcer le nom des Ateliers nationaux ? Quel est l'industriel, le commerçant , l'ouvrier honnête qui se rappelle sans honte les séances du Luxembourg ? Quelle est
la mesure du Gouvernement Provisoire que l'Assemblée
constituante et surtout l'Assemblée législative n'aient rap-
portée ? Qui ignore maintenant que cette abolition de
la peine de mort en matière politique fût décrétée, dans
le tremblement fébrile de la frayeur du sort que redou-

taient, à chaque bruit extérieur, ces escamoteurs d'un pouvoir qu'ils ne croyaient pas sérieusement tenir, et que leur philantropie n'était qu'un argument de leur défense ainsi préparée pour la Cour des Pairs, qu'une supplique à la miséricorde royale qu'ils entrevoyaient après sa justice?

Après s'être exalté soi-même, il fallait bien que le Gouvernement Provisoire exaltât son œuvre. Et pour cela, l'outrage encore, l'outrage toujours, à la Monarchie : *avez-vous jamais calculé, dit-il, ce que nous coûtait ce marchandage odieux qui s'exerçait de la base au faîte de l'administration ? On n'a qu'à lire le rapport du Ministre des Finances, Garnier-Pagès, qui expose en quel état la Monarchie a laissé les Finances du pays... La République vient mettre fin à cet indigne pillage de la fortune publique.* Nous avons besoin, pour ce que nous avons écrit comme pour ce que nous écrirons encore, de protester que nous copions fidèlement. C'est ainsi que le Gouvernement Provisoire écrivait à la France, le 17 mars, le lendemain du jour de son décret des QUARANTE-CINQ CENTIMES, c'est-à-dire de la constatation officielle du vide fait dans le trésor royal, encombré la veille des DEUX CENTS MILLIONS d'épargnes de la Monarchie, par cette probité républicaine dont la Cour des Comptes constatera bientôt la vertu, en réclamant vainement les preuves de la dépense de plus de VINGT-HUIT MILLIONS. Et alors ils osaient parler de *marchandage*, de *corruption*, de *pillage de la fortune publique* ; ils osaient montrer un *échaffaudage de friponneries échelonnées*, eux échelonnés, depuis les fameux sous-commissaires assassins, escrocs ou pires, jusqu'aux marquis de la République ! Ah ! que faisait leur main gauche, pendant que leur droite écrivait ces infamies ? La Cour des Comptes répond par un arrêt solennel , par le seul arrêt flétrissant qu'elle ait jamais rendu ; elle les condamne au Pilori de l'histoire.

Nous verrons bientôt que ces œuvres financières ne sont pas leurs seuls titres pour y être attachés à perpétuité.

LIII

Des Crêches (*).

La fondation des Crêches est le complément des institutions charitables destinées à soulager les classes laborieuses. Elles permettent aux pauvres d'avoir les sentiments et les joies de la famille, sans l'inquiétude de
ne pouvoir en remplir les devoirs. Les Crêches sont les
servantes économiques et dévouées des malheureux.

Leurs enfants, qu'ils ne peuvent complètement soi-
gner qu'au prix d'un temps qui est leur pain ; qu'ils
exposent trop souvent, malgré eux, à une température
inégale, à une atmosphère méphitique, à des accidents
funestes, trouvent, à la Crêche, l'air, l'aliment, la sécurité nécessaires à leur croissance et à leur santé. La
mère, qui les y a déposés le matin, qui va, si son travail le lui permet, leur donner, pendant la journée un
lait que ne troublent plus des soins au-dessus de ses
forces et de ses soucis plus forts que son cœur, les
rapporte le soir bien portants au foyer domestique et
leur prodigue, en les couchant dans le berceau, près
de son lit, des tendresses que n'altèrent pas les dé-
rangements regrettés de son ouvrage ou les alarmes d'une
séparation forcée. La journée a été bonne pour la famille et pour la société. Dieu, en imposant des sacrifices à l'une, lui enseigne comment ils seront adoucis

(*) INDÉPENDANT DE LA MOSELLE, 30 décembre 1830.

par l'autre, et la reconnaissance suit le bienfait : la famille et la société ont contracté un lien de plus.

La ville de Metz se distingue par le grand nombre
de ses établissements de bienfaisance. Peut-être lui di-
rons-nous une autre fois que, s'ils ne sont pas trop
multipliés, ils sont trop étrangers les uns aux autres,
trop indépendants, trop personnels. Aujourd'hui nous
ne voulons que féliciter sans restriction notre Cité de
l'abondance de ses œuvres de charité, de la piété de
ses habitants qui les accomplissent, de la dévotion au
malheur qui anime et honore si généralement l'esprit
public. Il y a peu d'infortunes qui ne soient immédiatement soulagées par un secours et consolées par une
visite; quelle est la mansarde dont une DAME *de service
pour la charité* ne connaît et ne monte pas l'escalier?

Aussi les Crèches devaient trouver leur place à Metz;
il y en a toujours pour les bonnes fondations. Un essai a donc été tenté, c'est un commencement. Les salles
d'asile n'ont été ni comprises ni acceptées le premier
jour. Il faut du temps pour tout, même pour se laisser faire du bien. Les enfants des salles d'asile pouvaient dire celui qu'ils y recevaient ; rendre témoignage
des attentions continues dont ils étaient l'objet ; remer-
cier les pieuses femmes qui les leur prodiguaient avec
l'instinct de la mère et l'intelligence de l'institutrice.
Cependant ces refuges tutélaires de l'enfance sont encore
discutés, repoussés encore par quelques esprits préoc-
cupés des plus respectables sentiments. A plus forte
raison n'approuvent-ils pas les Crèches. Elles sont pour
eux un problème social, la dispense des devoirs de la
nature les premiers et les plus sacrés, l'oubli des lois

divines, le péril de l'avenir. Pour eux, la société est menacée parce que l'enfant, déporté à la Crèche le jour de sa naissance, n'en sort que pour vivre dans la communauté de la salle d'asile, puis à celle de l'école primaire, et enfin à l'atelier, toujours en dehors de la famille, de ses obligations, de ses attachements et de ses exemples.

Sans doute, ce sont de redoutables anxiétés. Ainsi posée, la question des Crèches, des salles d'asile, de tous les établissements qui détendent le lien de la famille, touche aux plus formidables difficultés de la politique, dépend des résultats d'une expérience qui donnera de cruelles leçons. Mais elle sera longue, et les hommes éminents qui l'étudient, pourront l'arrêter si elle devient menaçante. Ce qu'il faut aujourd'hui, c'est qu'en aidant généreusement les familles, les enfants restent ses enfants et ne deviennent pas trop les enfants de l'Etat ; nos Rois seuls avaient des FILS DE FRANCE, par le glorieux privilège que la famille royale était la famille de tous. Mais si là, c'était une gloire et une force nationales, ailleurs, les fils doivent n'être que les fils de leur famille. Et puisqu'on redoute, avec raison peut-être, que l'intervention échelonnée de l'Etat ne se substitue trop aux devoirs, aux soins, aux affections réciproques de la famille, il faut trouver le moyen de recevoir les secours de la charité civile, sans laisser affaiblir les sentiments qu'elle semble compromettre.

Ce moyen, c'est d'entourer les établissements qui en sont les dispensateurs, de toutes les garanties qu'offre à la piété même, la Religion, qui en est le premier mobile, le guide le plus éclairé, la sauvegarde la plus puissante. Il faut que les actes autant que les pensées de cette piété active remontent jusques au Ministre de CELUI qui les inspire, les juge et les récompense. Il ne faut pas dire *citoyen* à un pauvre ; il faut l'appeler *mon frère*, et la Religion seule enseigne le sentiment qui dicte ce langage : elle seule a des *aumôniers* ; ses pontifes le sont tous.

C'est donc au premier d'entr'eux, au vénérable Prélat qui édifie le Diocèse par la sainteté de ses vertus, que doit remonter et appartenir la surveillance, mieux encore, la haute direction des établissements charitables, pour que les dangers de l'action laïque exclusive, cette vieille erreur de nos lois, soient effacés par les onctueuses inspirations d'une âme chrétienne, promettant une longue vie à ceux qui honoreront leur père et leur mère. Alors, nous en sommes certains, les mères n'éprouveront plus les inquiétudes que leur cause une séparation qui semble les éloigner du cœur de leurs enfans et elles ne l'ajourneront point par des raisons dont leur tendresse est ingénieuse à inventer le prétexte et à grandir le sacrifice. Les Crèches mêmes, qui leur demandent souvent le premier fruit de leurs entrailles, ne les feront plus reculer ; elles y seront présentes par la présence *de celui* qui APPELLE A LUI LES PLUS PETITS.

LIV

Des Bulletins du Gouvernement provisoire (*).

DEUXIÈME ARTICLE.

Le Gouvernement Provisoire règne et gouverne. *Son tour est fait.* Paris obéit, croyant qu'il est une autre anarchie plus menaçante et plus dangereuse que l'anarchie de l'Hôtel-de-Ville, et il se rallie à cet ordre qu il ne comprend pas, dans ce désordre qu'il n'a pas su prévoir et prévenir. La France stupéfaite ne s'explique pas plus l'audace victorieuse du petit nombre que la lâcheté, la résignation, l'ébahissement de la nation ainsi dominée, ruinée, flétrie. Elle reçoit et subit les Commissaires extraordinaires, comme s'ils étaient les envoyés d'un pouvoir régulier, et, dans sa consternation profonde, elle les laisse, presque partout, se poser et agir en maîtres de l'administration, de la magistrature, de l'armée. Aussi, pressés de mettre à profit une surprise qui ne peut avoir que la durée d'un orage, ils improvisent des fonctionnaires de toutes classes, attentent à l'inamovibilité judiciaire, et, plus désorganisateurs encore, pour l'armée, ils lui prêchent l'indiscipline, l'élection, l'oubli de ses devoirs, l'abandon de ses chefs. Ils établissent, dans tous les départements, des succursales de l'anarchie de Paris et les *Bulletins* leur portent l'en-

(*) INDÉPENDANT DE LA MOSELLE, 11 janvier 1851.

couragement et l'appui de paroles officielles ainsi con-
çues : *le Gouvernement Provisoire veut que la conscience publique règne.*

Il va surtout vouloir qu'elle règne pour les Élections. En décrétant un suffrage universel sans lois, sans
frein, sans limites, il a commis l'attentat le plus inouï
contre la raison, contre le sens commun, contre la société ! Mais cet attentat est devenu plus odieux encore
que coupable, par la manière dont il a été exploité par
ces héros de février, qu'allèche la proie inaccoutumée
de vingt-cinq francs par jour.

Le jour approche, dit le Gouvernement provisoire aux
citoyens, *où vous serez appelés à choisir vos Représentants à l'Assemblée Nationale... Le Gouvernement doit-
il agir sur les élections ou se borner à en surveiller la
régularité.... sous peine d'abdiquer ou même de trahir,
il ne peut se réduire à enregistrer les procès-verbaux
et à compter des voix ; il doit* ÉCLAIRER LA FRANCE *et
travailler ouvertement à déjouer les intrigues de la contre-
révolution, si, par impossible, elle ose relever la tête. Est-
ce à dire que nous imitions les fautes de ceux que nous
avons combattus et renversés ? Loin de là. Ils dominaient
par la corruption et le mensonge, nous voulons faire
triompher la vérité....*

C'est ainsi qu'ils parlent ; ils parlent pour *éclairer la
France,* comme ils l'ont surprise pour la rendre glorieuse
et qu'ils l'escomptent pour l'enrichir. Jamais un gouvernement n'osa manifester à ce point ses prétentions ab-
solues ni formuler de tels commandements. On ne se
souvient que trop comment ils ont été exécutés, et cette
page de nos hontes révolutionnaires en est la plus hon-

teuse. Mais tous ces efforts, toutes ces circulaires, toutes ces missions d'anarchie ne rassuraient pas les vainqueurs tremblants; ils n'avaient pas d'excitations assez vives pour leurs proconsuls-candidats ; ils leur ordonnaient d'être les Apôtres de la Révolution : *S'il vous était possible de vous multiplier, d'être partout à la fois, de mettre à chaque heure votre pensée en contact avec la pensée publique, vous ne feriez rien de trop. Digne missionnaire des idées nouvelles auxquelles le monde appartient, vous prépareriez leur pacifique avènement. Répandez la lumière à flots. Qu'à tous les yeux brille dans son éclat majestueux la grande et noble figure de la République régénérant l'humanité.... que partout des réunions soient organisées....* Il fallait vaincre l'ordre ou périr ; il fallait remuer le pays pour faire triompher ses éternels et implacables ennemis, pour trouver *les organisateurs de la Constitution républicaine.* Aussi qui l'on a trouvé, l'histoire le dira ! Mais à mesure que le jour des Élections approchait, le langage du Gouvernement Provisoire devenait plus pressant, plus désespéré ; jugez, souvenez-vous de ce qu'étaient les actes électoraux de ses commissaires ! *Mais pour être député,* disait le 15e Bulletin, *ce n'est pas assez d'être honnête, il faut être républicain sans réserve et sans arrière-pensée... Quiconque n'est pas convaincu que la République ne peut pas périr..... ne sera qu'un Député dangereux.... la patrie a besoin de foi et d'abnégation....* Voilà dressées impérativement les listes de candidats ; il faut des Républicains de la veille pour soutenir ce Gouvernement dont la venue, si universellement désirée, a fait, disaient-ils, tressaillir de bonheur la France entière, enfin délivrée des prospérités de la Monarchie. Il faut des Républicains de la veille, élus par des Electeurs qui ne le sont pas encore du lendemain, pour que le 4 mai consacre le 24 février. Il le faut à tout prix ; il faut, citoyen commissaire, que la France, soumise et docile, vous entende dans les clubs patriotiques et vous obéisse dans les colléges électoraux ; sinon qu'elle écoute bien le 16ᵉ fameux Bulletin du Gouvernement de son acclamation : *Nous n'avons pu passer du régime de la* CORRUPTION *au régime du* DROIT, *dans un jour, dans une heure. Une heure d'inspiration et d'héroïsme a suffi au peuple pour conserver le principe de la vérité. Mais dix-huit ans de mensonge opposent au régime de la vérité des obstacles qu'un souffle ne renverse pas ; les élections, si elles ne font pas triompher la vérité sociale, si elles sont l'expression des intérêts d'une caste, arrachées à la confiante loyauté du peuple, les élections, qui devaient être le salut de la République, seront sa perte, il n'en faut pas douter.* IL N'Y AURAIT ALORS QU'UNE VOIE DE SALUT POUR LE PEUPLE QUI A FAIT LES BARRICADES, CE SERAIT DE MANIFESTER UNE SECONDE FOIS SA VOLONTÉ ET D'AJOURNER LES DÉCISIONS D'UNE FAUSSE REPRÉSENTATION NATIONALE.

Le régime de la corruption pouvait encore corrompre, tombé et maudit qu'il était, le *régime du droit* si impatiemment attendu, si admirablement accueilli. L'heure d'héroïsme, qui avait suffi au *peuple* pour consacrer *le principe de la vérité sociale*, ne paraissait pas prête à sonner de nouveau pour consacrer le principe de la vérité électorale, dans les Départements à qui les commissaires ne montraient que trop la vérité véritable. A cette lutte suprême, le ban et l'arrière-ban de l'anarchie semblaient impuissants et les incorruptibles vengeurs de la corruption monarchique inventèrent la corruption de la peur. *Il n'y aurait alors qu'une voie de salut pour le peuple qui a fait les barricades, ce serait de manifester une seconde fois sa volonté et d'ajourner les décisions d'une fausse Représentation nationale.*

L'histoire ne nous apprend pas qu'un Gouvernement, quelqu'anarchique ou insensé qu'il ait été, se soit jamais permis un tel langage et de telles menaces. Des hommes, qui siégeaient en permanence d'orgies ou de complots, pouvaient seuls avoir ce délire.

On sait comment se firent ces déplorables élections ; elles resteront, dans les annales parlementaires, comme les plus honteuses saturnales de la démagogie ; les élections du 13 mai n'en ont été que la faible réparation et l'insuffisante revanche.

Mais en réveillant ces souvenirs déshonorants pour notre pays, nous ne pouvons nous préserver de l'amertume de regrets personnels ; l'injustice, quelque monstrueuse qu'elle soit, en laisse toujours, et quand les faits ou le temps la réparent, les cicatrices ont encore leur douleur. Nous avons eu l'honneur de participer à cette administration monarchique, si odieusement incriminée, si faiblement défendue. Nous avons eu l'honneur, nous nous glorifions de l'avoir encore, d'être l'ami des derniers Ministres de la Royauté tombée, d'être l'ami intime de plusieurs d'entr'eux. Ils nous avaient confié un Département dont les Députés appartenaient à l'opposition. Nous étions donc dans les meilleures conditions pour être CORRUPTEUR et CORROMPU. Nous le déclarons sous la foi du serment, jamais nous n'avons reçu d'instructions officielles, confidentielles, écrites, verbales qui

ne puissent se résumer fidèlement, hautement, complètement par ces mots : INFLUENCE D'UNE BONNE ADMINIS-
TRATION, et nos *manœuvres électorales* s'y sont en tout
point circonscrites, s'en sont honorées toujours.

Et qu'on ne croie pas que ce cri de notre conscience,
si longtemps outragée, ne nous échappe que pour répondre aux plus méprisables injures. Nous ne les re-
levons pas à notre point de vue ; nous n'avons voulu
montrer que de qui elles venaient. Si l'on pouvait nous
accuser d'établir une comparaison entre les œuvres des
Montagnards et l'administration dont nous sommes fier
d'avoir fait partie ; si nous avions le malheur que notre
pensée eût été si mal rendue ou si étrangement comprise, nous en demanderions pardon à la gloire et aux
prospérités de Trente-Trois ans de Monarchie Constitutionnelle ; nous en demanderions pardon à tous les
hommes qui l'ont loyalement servie ; nous en demanderions pardon à tous ceux qui l'ont jugée impartia-
lement ; ah ! nous en demanderions pardon à nous-même !

LV

Les joies de la Montagne (*).

L'expérience de l'anarchie a des leçons qu'il ne faudrait ni oublier ni méconnaître. Toutes les fois que l'ordre est troublé, que la société est menacée, qu'un conflit entre les grands pouvoirs de l'état peut arrêter l'essor de la prospérité publique si incomplètement revenue, il est des signes certains qui nous révèlent les périls de la situation. Ce sont les cris de joie des journaux montagnards. Jadis on croyait que des clameurs souterraines annonçaient les grands événements; nous n'en avons pas besoin aujourd'hui pour prédire les calamités; l'oracle des catastrophes a cent voix.

Vous les entendez dans leurs sinistres calculs du mal que fera au pays la bataille que se livrent l'Assemblée et le Pouvoir exécutif. Qui perdra le plus, qui sera le plus amoindri, qui sera vaincu peut-être? Peu leur importe, pourvu que le mal soit grand et irréparable. La déconsidération de l'Assemblée ou du Prince-Président, l'affaiblissement de l'autorité, les divisions entre les honnêtes gens, tout leur est espérance et profit. Ils savent que la société ne peut leur être de nouveau soumise un jour que par l'excès du malheur et ils l'appellent sur elle. Aussi leur habileté révolutionnaire

(*) INDÉPENDANT DE LA MOSELLE 21 janvier 1851.

prête, à toutes les fautes et à toutes les faiblesses des
partis de l'ordre, ses encouragements et ses suffrages.
Et tenez pour certain que lorsqu'ils leur apportent le
sinistre appoint de leur minorité, la majorité ainsi en-
tachée n'a pu que se tromper.

Ils savent ce que coûtent au pays ces funestes oscillations du désordre ; ils savent que, sans eux, il re-
trouverait bientôt, il aurait déjà retrouvé les conditions
de stabilité sans lesquelles la prospérité publique n'est
qu'une exception ou un hasard ; ils savent que la France
les connaît, les repousse et les maudit ; ils ont eu la
preuve de leur faiblesse, de leur impuissance, de leur
incapacité ; rien ne peut les calmer. La France leur appartient par le droit de leurs appétits révolutionnaires
et ils la poursuivront jusqu'à ce qu'elle retombe, épuisée ou sanglante, entre leurs mains.

Sous la Monarchie, on croyait que ces grandes luttes
de la tribune, qui excitaient si profondément nos sympathies et notre admiration, n'atteignaient de leurs coups
que les Ministres vaincus et responsables. On ne se
méfiait pas de ces assauts trop retentissants de principes contraires, de ces perfidies inaperçues de passions
politiques. On ne voyait pas assez la révolution à travers l'éblouissement de l'éloquence. Aujourd'hui, les
déplorables débats auxquels nous assistons avec ces souvenirs, ont une portée plus évidente et des dangers
plus imminents. C'est la paix, c'est l'ordre, c'est la société entière qui se joue à ce jeu de discours, dont
chaque parole est un acte et peut devenir un malheur,
si les honnêtes gens ne sont pas unis et résolus.

Ils ont plus que jamais besoin de l'être. Voici venir

les luttes suprêmes dont le terme légal a été fixé par la Constitution-Marrast. Il faut arriver dans la lice républicaine avec toute la force de notre union, et, pour cela, ne point soulever de discussions prématurées, inutiles, irritantes ; le mal qu'elles ont produit déjà, celui que l'on en espère est désastreux, et, pour en juger, il suffit d'entendre en quel langage nos ennemis célèbrent leur prochain triomphe. Jamais leurs joies n'ont été plus audacieuses : il dépend de nous qu'elles n'aient jamais été plus vaines,

LVI

Du mot Égalité (*).

La fausse signification des mots est plus nuisible que l'émission de la fausse monnaie. Elle a été surtout pratiquée par les Philosophes et par les Révolutionnaires pour altérer le sens véritable des idées et pour faire sortir de cette confusion, le désordre, à l'aide duquel leurs rêveries jalouses et leurs instincts destructeurs peuvent trouver des complices ou des victimes. Depuis soixante ans, on se bat pour des équivoques et des mensonges, et le mot le plus dénaturé, le plus faux, le plus absurde, le plus coupable, le plus incompris est, sans contredit, le mot ÉGALITÉ.

Quand les habiles de l'anarchie le prononcent haut, on dirait un dogme venu du ciel devant lequel il faut incliner sa raison. Mais on en connaît l'origine, la date et la nature. Elle n'est, pour les uns, que la torche de leurs sinistres projets, et, pour les autres, que la grossière amorce de leurs passions et des brutales satisfactions qu'elles convoitent.

L'égalité, telle que la liturgie démagogique l'enseigne, mais telle que les Démagogues ne la pratiquent et ne la poursuivent pas, est d'invention révolutionnaire moderne. Aussi loin que ces souvenirs historiques puissent

(*) INDÉPENDANT DE LA MOSELLE, 31 janvier 1851.

remonter, de quelque forme de Gouvernement ancien que nous examinions les principes ; quelle que soit la République que nous prenions pour exemple, ou les Républiques modèles de la Grèce ou les Républiques désordonnées de l'Italie, aucune de ces études classiques ne se résume pour nous par le mot symbolique et fatal : ÉGALITÉ. Nous voyons partout et toujours des nuances, des différences, des distances légales, des distinctions caractérisées et fondamentales, l'aristocratie, l'esclavage, la richesse, la pauvreté, le despotisme, nulle part des tendances ou un asile vers la chimère appelée ÉGALITÉ.

La République Romaine, celle où l'esclave, l'affranchi, le citoyen, le chevalier, le patricien étaient séparés par les barrières sociales les plus infranchissables, ne les abaisse que devant le Christianisme : la liberté de l'homme fut son premier bienfait, car il lui annonçait que si les chrétiens étaient frères en ce monde, ils seraient égaux devant la justice de Dieu. Et comme preuve que la lumière nouvelle n'apportait pas l'erreur d'une égalité impossible ou mortelle, les prédications chrétiennes annoncèrent surtout deux vertus : l'Humilité et la Charité : l'humilité qui constate et justifie l'inégalité des facultés et des conditions, la charité qui rend nécessaire et sanctifie l'inégalité des fortunes.

Il a fallu défigurer la Divine Morale pour faire de l'Egalité chrétienne le mot empirique de la subversion sociale. Chez aucune nation, dans aucun code de lois, dans aucune institution démocratique ou absolue, l'Egalité n'est admise ou supposée. Le Paganisme n'avait pas inventé cette fausse divinité. Lorsque la religion

chrétienne naissante se débattait contre les hérésies, il
n'y en a pas une qui ait eu pour but et pour argument l'égalité. LES MORTELS SONT ÉGAUX..... seulement
depuis le dix-huitième siècle et de par les ronflantes
leçons de l'école encyclopédique. Mais elle enseignait à
abaisser; elle n'élevait pas, elle nivelait. Qui ignore
comment Voltaire fut puni d'avoir cru pouvoir égaler
à lui le Roi de Prusse et comment il traitait les écri-
vains qui ne se prosternaient pas devant son génie universel? Sa foi pour l'égalité était si sincère qu'il fou-
droyait de ses vers et de sa prose la plus terrible,
l'inégalité quelque peu hautaine de son *divin Fédéric*
et qu'il repoussait avec mépris les *cuistres* qui préten-
daient s'égaler à sa Royauté philosophique et littéraire.

C'est que l'égalité n'existe nulle part, n'est admise
par personne, n'est possible dans aucun esprit, n'est
comprise par aucun sentiment, n'est réelle dans aucune
situation. Il est banal de dire que sur le même arbre,
on ne trouve pas deux feuilles identiques; il est puéril
de rechercher deux hommes égaux; Charles Quint a
passé sa vie à tenter inutilement de faire sonner la même
heure à deux montres. La nature ne se répète pas. Ses
créations sont aussi différentes que variées. Les sentiments,
les caractères, les facultés, les goûts sont aussi dissem-
blables que les conditions physiques de chaque individu,
la chevelure, la taille, la voix, la force sont inégales.
Voilà le véritable principe d'où doit découler la loi politique. La chercher ailleurs est une erreur, une faute
ou un crime.

Quand on y réfléchit sérieusement, on ne peut se préserver d'une tristesse profonde en récapitulant les malheurs causés par l'abus d'un mot, en entrevoyant ceux

qu'il est destiné à produire encore. Que n'a-t-on pas dit et fait au nom de l'égalité? Que n'espère-t-on pas de sa venue et de son culte? Qui ose dévoiler de tels mensonges et attaquer les passions qu'ils soulèvent? Avez-vous jamais souri, discuté, levé les épaules à ce mot: l'égalité? Lorsque l'ignorance populaire, excitée par le sophisme de l'orgueil, vous dit en se drapant: *le soleil luit également pour tout le monde*, avez-vous répondu au malheureux qu'on égare par de si misérables espérances, lui avez-vous répondu que le soleil ne luit pas également dans sa mansarde exposée au nord et dans le parc du citoyen Eugène Sue, ouvert à ses rayons par les quatre points cardinaux? Parler, c'est agir, et les mauvaises paroles ne sont que trop souvent suivies des mauvaises actions.

Nous avons vu à l'œuvre les grands Prédicateurs de l'Egalité! nous nous souvenions de 1793, nous avons assisté à 1848; l'union des hommes d'ordre nous a seule préservés d'une égalité plus parfaite des hommes et des faits. L'égalité de 1848 n'a eu que le temps de jouer son prologue. Il nous a suffi pour voir ses plus farouches adeptes s'installant dans les palais royaux insuffisants pour leurs Grandeurs Républicaines; se faisant carosser dans les voitures de la Cour; se pavanant dans les loges du Roi; s'énivrant de ce luxe et de ces magnificences, qui, la veille excitaient les transports de leur envie démagogique; et, enfin, disposant de la fortune publique avec une égalité dont la Cour des Comptes aujourd'hui conteste le principe, flétrit la pratique, et l'appelle par son nom. Nous savons les exigences superbes des citoyens de la veille réclamant les honneurs monarchiques dus aux fonctions dont la République les a investis et nous entendons ce sous-officier patriote, improvisé Général en Chef, s'écriant : *Chassez-moi cette canaille*.... Voilà l'égalité des Révolutionnaires au pouvoir.

Non, l'égalité n'est pas le nivellement qui abaisse, qui flétrit, qui déshonore. L'égalité n'est pas l'appétit né du mensonge, de la fainéantise, de la bassesse; elle n'est pas l'instinct impatient du mal, la passion dégradante de l'envie. L'égalité, c'est le sentiment qui nous excite à nous élever; c'est le noble orgueil de soi-même; c'est le généreux effort de ses facultés pour le satisfaire. Cette égalité est vieille comme le monde; elle est fille du mérite et de la vertu. Celle-là vous la trouverez réelle, active, puissante, dans toutes les Monarchies comme dans toutes les Républiques. Vainement a-t-elle quelquefois rencontré des obstacles; ils n'ont été ni sérieux, ni insurmontables. Le mérite et la vertu sont toujours montés à leur place; l'histoire déplore peu d'exceptions. Elles sont de nos jours plus impossibles que jamais; et, il faut le dire, qui ne s'élève pas l'égal de tous, n'est pas digne ou capable de s'élever.

C'est ainsi que nous comprenons l'égalité. Elle n'est jalouse des supériorités de naissance, de fortune, de talent que pour s'élever et les atteindre. Lorsque les soldats et les administrateurs de l'Empire, devenus Maréchaux et Princes, disaient fièrement aux Montmorency et aux Rohan, avec lesquels ils étaient confondus par la gloire auprès de l'Empereur : *c'est nous qui sommes nos aïeux*, ils rendaient au prestige de la naissance, c'est-à-dire à la personnification de la gloire et des services passés, l'hommage et la justice qu'ils avaient conquis pour leurs descendants. Lorsque Louis XIV inclinait sa puissance, dans les jardins de Marly , devant le banquier Samuel Bernard , il montrait celle de la fortune et en obtenait les services par lesquels elle s'ennoblit et se fait rechercher. Le talent a toujours des récompenses ; la vertu toujours des couronnes. Naissance, fortune, talent, vertu, voilà le but, le devoir , la consécration , la gloire d'une vie sérieusement comprise et noblement fournie. C'est ainsi que la doit inspirer l'amour de l'égalité. Sa véritable signification , comme son unique marche , est donc un mouvement ascensionnel. L'égalité qui l'enseigne s'appelle civilisation ; celle qui la méconnaît , barbarie.

LVII

Les Espérances de la Montagne (*)

Nous avons dit les *joies* de la Montagne ; une plume plus habile que la nôtre en retraçait naguère les *tristesses* ; nous voulons examiner aujourd'hui ses espérances.

Les joies, que la division des honnêtes gens a causées à la Montagne, ont été courtes ; il faut que ces tristesses que lui donne leur union, soient longues, douloureuses, non interrompues. Plus la Montagne se plaindra ; plus ses gémissements seront cruels et désespérés ; plus ses accusations contre les hommes d'ordre et ses fureurs contre leur esprit réactionnaire seront motivées et menaçantes, et plus la France approchera du Port qui doit être leur perte et son salut. Elle ressemble aujourd'hui à ce navire qui porte les *Convicts* à leur destination pénitenciaire et qui, pendant une orageuse traversée, est encore agité par les complots de ces proscrits de la Société. Ils ne seront soumis et l'équipage ne sera complètement à l'abri de leurs surprises et de leurs coups, que lorsqu'arrivé au but de sa course, il aura livré ces ennemis publics à une autorité assez puissante pour leur imposer le joug d'une discipline incontestée et les devoirs utiles du repentir.

(*) INDÉPENDANT DE LA MOSELLE 6 février 1851.

Mais avant d'aborder à ce port, dont le phare n'a pas encore de lumière distincte, le vaisseau de l'État a bien des écueils à éviter, bien des tempêtes à braver. Chaque jour désormais peut amener un orage, et l'approche de 1852 le rendra de plus en plus dangereux. Voilà ce qu'espère la Montagne; elle compte sur nos désastres.

Le premier, le plus grand, le seul irréparable serait la division du parti de l'ordre. On a vu ce qu'un jour de cette division a produit de joies parmi ses ennemis attentifs; on a vu ce qu'un jour de conciliation a ramené de tristesses chez ces implacables révolutionnaires. Là est leur secret, leur force, leur avenir; là doit être notre leçon. C'est nous, c'est nous seuls qui donnons la vie et l'espoir à la Montagne; sans nous, elle est réduite à un nombre insignifiant, condamnée à une impuissance misérable; sans nous, elle n'existe pas. Les honnêtes gens sont mille fois plus nombreux, plus forts, plus riches, plus habiles que les hommes de désordre; perdraient-ils ces avantages, ces qualités, ces droits, parce qu'ils sont mille fois moins actifs, moins hardis, moins résolus? C'est ce qu'espèrent les Montagnards, et ils n'espèrent que cela.

Ils savent, eux aussi, car ils ont toutes les sciences du mal, ils savent qu'en divisant, ils régneront. Il leur faut donc, à tout prix, diviser le grand parti de l'ordre; ce succès leur livrera la société; leur proie serait enfin abattue. Ils calculent habilement les chances que peut leur offrir l'approche de 1852. Ils croient pouvoir empêcher la révision légale de la Constitution et réduire la majorité, insuffisante par le nombre, à des mesures que leur Loi-Marrast n'a pas prévues. Mais ils ont inventé, quand ils la croyaient utile à leurs projets et dépendante de leurs doctrines, une autorité qu'ils ont toujours préconisée comme supérieure à toutes les lois : le suffrage universel. Si donc ils rendent impossible l'exécution légale de leur propre Constitution, de cette Constitution que les hommes d'ordre ne voulaient pas et qu'ils n'ont pas faite, mais qu'ils ont exécutée et soutenue avec tant de loyauté : si ces républicains de la veille opposent, par leurs manœuvres révolutionnaires, un obstacle ou un défi au retour de l'ordre, alors, dans les circonstances suprêmes du salut commun, les pouvoirs de l'Etat devront aviser. La France ne peut pas périr parce que quelques démagogues ne peuvent pas se résigner à se reconnaître incapables, impuissants, vaincus, détestés. Devant eux le Prince-Président ne laissera pas plus fléchir son autorité que l'Assemblée ses droits souverains. Et le pays sanctionnera, en battant des mains, toutes les mesures sages et énergiques qui le préserveraient de nouvelles secousses, de nouveaux malheurs, du malheur surtout, le plus grand de tous, de retomber sous le joug fatal des hommes de l'Hôtel-de-Ville et du Luxembourg.

Quels que soient leurs efforts et leurs menaces, le suffrage universel s'apprête donc à leur dire, comme Dieu aux flots de la tempête : vous n'irez pas plus loin. L'année 1852 sera leur 9 thermidor politique. La France, en 1793, ne voulait pas des montagnards ; elle veut encore moins, aujourd'hui, de leur monnaie de 1848. Quatre années ne les auront que trop fait connaître et les moyens désespérés par lesquels ils essaient de défendre leurs dernières espérances démagogiques ne prouvent que trop ce qu'ils auraient fait, s'ils les avaient réalisées plus longtemps. Mais ils ont beau poser violemment la théorie sauvage que leur République de la veille est au-dessus des lumières de la raison et de l'expérience, qui la jugent ; au-dessus des volontés du suffrage universel, qui ne sont supérieures à toutes les lois que lorsqu'elles obéissent à la voix du désordre ; ils ont beau se poser au-dessus de la Loi des lois qu'ils ont faite eux-mêmes ; ils ont beau aiguiser ostensiblement leurs armes et compter les soldats de l'anarchie, lorsque le jour légal se lèvera pour rendre au pays le libre choix de ses destinées, le Pays, éprouvé, uni et résolu, se décidera sans eux, malgré eux et contre eux.

LVIII

De la Centralisation (*).

Une des causes de la Révolution de 1789, une de ces causes qu'on a trouvées depuis comme une excuse et une gloire, a été le besoin de créer l'unité nationale. La France, agrandie par les conquêtes de nos Rois, était divisée en pays de toute Langue et administrée par des juridictions diverses. La Royauté n'étendait point, sur toutes les provinces de la Monarchie, d'une manière uniforme, la main de sa justice et le sceptre de son autorité souveraine.

Après la formation des Départements, les Pays d'Etats comme ceux du domaine direct furent soumis aux mêmes règles, aux mêmes devoirs, à la même Loi : la centralisation était créée.

La Centralisation, en effet, c'est l'uniformité. Les mêmes Lois ne sont également exécutées que par une volonté unique et régulatrice ; sans elle, il n'y a pas de jurisprudence, et les Lois ne sont bientôt plus ni comprises ni générales.

A ce point de vue, la Centralisation est un bienfait ; elle est plus encore, elle est une force. Elle est la plus solide garantie des intérêts généraux et privés ; elle est la plus grande peut-être de nos utiles libertés.

(*) INDÉPENDANT DE LA MOSELLE, 18 février 1851.

Sans doute, comme toutes les Institutions humaines, elle a ses inconvénients, ses difficultés, ses erreurs, son exagération. Mais ses avantages l'emportent trop sur ses inconvénients pour que les hommes, qui ont tenu dans leurs mains les affaires de l'Etat, n'aient pas cherché à en fortifier le mécanisme, en l'admirant dans ses mouvements réguliers. Depuis l'arrêté municipal le plus modeste sur l'intérêt local le plus minime, jusqu'à l'ordonnance rendue en Conseil d'Etat, dans cette forme d'autant plus solennelle qu'elle est plus élevée au-dessus de toutes les passions et plus empreinte d'une suprême justice, la Centralisation éclaire et surveille tous les degrés de l'esprit et du jugement des hommes préposés aux services publics, c'est-à-dire à tous les intérêts du pays. Elle est la garantie de leur conduite ; elle en est l'honneur et la récompense.

La Centralisation, c'est le droit universel de n'être arrêté par personne et nulle part, pour obtenir justice.

Nous savons les objections nourries et élevées contre elle, objections de principes, d'affaires, d'ordre public. Nous respectons le sentiment qui les inspire ; nous le croyons erroné.

La Centralisation n'est pas ennemie des libertés communales ; loin de là. Tout le monde connaît le développement des Communes depuis Louis-le-Gros, leur histoire, leur situation souvent équivoque et contestée. On sait moins le véritable état où elles se trouvent aujourd'hui, parce qu'on en jouit sans le comparer. Jamais l'association communale n'a été plus libre ; jamais elle n'a eu plus de pouvoir intérieur, plus de facilités propres que depuis les lois modernes. La commune actuelle,

raisonnablement maîtresse d'elle-même, le doit à la surveillance d'une Centralisation tutrice, sans laquelle ces
libertés seraient fatales et le désordre immédiat et profond.
La loi générale, qui donne et limite ces libertés, ne peut
être comprise et obéie que par la vigilance et la force
d'un pouvoir supérieur, qui l'applique toujours et partout de la même façon, et qui maintient l'uniformité des
droits par l'uniformité des règles.

Mais si la Centralisation, loin d'opprimer les droits
des Communes et d'en restreindre les libertés, les assure
et les développe, c'est pour les affaires surtout qu'elle
manifeste sa bienfaisante influence et sa direction indispensable. Il n'y a pas de Commune, depuis la Cité la
plus populeuse et la plus éclairée jusqu'au village le plus
agreste qui, laissée à elle-même, ne vît bientôt son administration, ses finances, son avenir plongés dans une
confusion inextricable, au mépris des lois, au détriment
des intérêts généraux et privés. Imaginez donc un tribunal d'arrondissement dont les jugements seraient sans
appel ! Et si vous ne pouvez l'admettre, jugez alors le
tribunal administratif composé de dix ou douze Elus,
sans autres conditions d'études, de savoir et d'expérience
que la popularité qui ne les donne pas ; voyez cette mu-
nicipalité s'occupant de finances, de propriétés, de culte,
de police, de voirie, de droits politiques, en un mot,
de toutes les questions sociales les plus difficiles et les
plus ardentes, et comptez avec effroi combien il faudra
de mois ou de semaines pour que le désordre soit partout, non pas le seul désordre légal, mais le désordre
matériel, qui en est la conséquence et le châtiment. Avec
des Conseils électifs parlant, délibérant et votant sans contrôle, la France ne tarderait pas à être décomposée en

quarante mille anarchies ; la Centralisation seule en fait des Communes.

Non pas que nous refusions des limites à sa tutelle ; il est théoriquement facile d'en faire sentir le besoin et le droit. Mais, dans la pratique, les inconvénients de la Centralisation, s'ils atteignent quelques affaires isolées, disparaissent devant son utilité vitale, chaque jour et chaque fois plus nécessaire dans l'intérêt commun.

Une dernière objection, celle qui serait la plus sérieuse et qui frappe le plus les esprits ; qui serait décisive si elle était fondée, c'est qu'avec des libertés communales largement reconnues, les Révolutions venues de Paris seraient moins facilement subies. Si par libertés communales on entend le maniement plus libre des affaires communes, nous ne comprenons pas comment ce droit, quelqu'illimité qu'il fût, serait un obstacle à l'envahissement révolutionnaire ; comment l'esprit public en tirerait plus de force de résistance, l'intérêt privé plus d'énergie. Si la liberté communale désirée consiste dans le libre choix du maire et de ses conseillers, nous comprenons encore moins la confiance que l'on peut accorder à des Elections, dont l'expérience ne nous enseigne que trop aujourd'hui la signification et la valeur.

Non, non, ce n'est pas ainsi qu'on résiste aux révolutionnaires et qu'on repousse leurs révolutions. Si la Centralisation, en 1848 comme en 1830, a révolutionné la France avec le *Télégraphe* et le *Moniteur*, la faute n'en est pas à l'absence de libertés communales plus ou moins étendues. Elle est dans des impuissances plus coupables. Lorsque le Vicomte d'Orthez reçut l'ordre révolutionnaire de faire égorger les Protestants, sa fidélité répondit par un refus. Lorsque M. le baron de la Madeleine, l'un des administrateurs du Département de la Haute-Garonne, reçut la nouvelle du 18 Brumaire, il organisa une résistance armée en faveur du Directoire, et le Premier Consul récompensa le courage de sa fidélité en le nommant Préfet de l'Orne. Lorsque M. de Curzay, Préfet de la Gironde, fut assailli par la révolution triomphante de Juillet, il mit valeureusement à la main son épée administrative et versa son sang pour défendre la Royauté, sans délibérer avec sa fortune et sans marchander sa vie. Si tous les fonctionnaires qui avaient prêté le même serment, avaient eu le même courage, alors comme aujourd'hui ; si partout la nouvelle révolutionnaire avait été reçue par une défense soudaine et désespérée; si l'esprit public avait été appuyé et retenu par les exemples du dévouement et les sacrifices du devoir des hommes qui devaient le diriger ; si aucune faiblesse, aucune hésitation personnelle n'avait laissé supposer des calculs égoïstes ; si, en un mot, on était élevé dans cette conviction loyale que l'on ne peut servir que le Pouvoir qui a obtenu nos sympathies et nos promesses et qu'il faut le défendre à tout prix, sans arrière-pensée, sans capitulation, sans autre chance que celle de vivre ou de tomber avec lui ; si, à l'annonce d'une révolution à Paris, à la vue de ses envoyés ou de ses commissaires, chaque employé, chaque soldat, chaque magistrat, sans s'inquiéter du nombre des ennemis ou de l'abandon des amis, faisait son devoir, criait *à moi d'Auvergne* ! et mourait pour tenir son serment et défendre son drapeau, alors on n'aurait pas besoin de supposer que les libertés communales seront une barrière contre les Révolutions, émanées de la Centralisation.

La Centralisation, dégagée, cela est facile, des embarras que lui donnent des affaires reconnues insignifiantes, est la clef de la voûte de l'ordre social. Sans elle, la France serait une fédération révolutionnaire ; sous son empire conservateur, elle redeviendra bientôt la plus grande des nations.

LIX

Le Général de La Hitte (*).

~~~~~

Pendant les discordes civiles, dans ces temps malheureux où la vertu même est quelquefois indécise , lorsqu'il se rencontre un homme doué d'éminentes qualités et du plus beau caractère, qui connaît ses devoirs, qui ne tergiverse jamais pour les remplir et qui rend à son pays les services les plus signalés, sans prétendre à d'autre récompense que l'honneur de les avoir rendus , la reconnaissance publique doit partout entourer cet homme privilégié , de ses éloges, de ses remerciments et de ses respects.

Le Général DE LA HITTE n'était connu que comme un des plus braves , des plus habiles et des plus modestes officiers d'Artillerie, lorsque le prince Président, devinant en lui de plus rares qualités, l'a appelé au ministère. Là son mérite a grandi avec sa situation ; le simple Général est devenu un véritable Homme d'Etat. Personne n'a oublié l'ascendant que notre Diplomatie, qui se relevait si péniblement des lâchetés et des hontes du Gouvernement Provisoire , a bientôt retrouvé sous l'impulsion aussi loyale qu'énergique du nouveau ministre. L'expédition de Rome était entravée par de nombreuses difficultés , tant intérieures qu'extérieures. La

(*) INDÉPENDANT DE LA MOSELLE, 20 février 1851.

plus grave était l'inquiétude légitime des Puissances Étrangères, à peine remises du contre-coup de la Catastrophe de Février, de voir flotter hors de nos frontières le drapeau républicain. Mais elles furent promptement rassurées par la confiance qu'inspirait M. de la Hitte. Jamais la parole de la France n'avait été plus haute et plus rassurante ; jamais elle ne fut mieux acceptée.

Aussi l'armée put chasser de Rome, conquise et respectée, cette cohue de bandits, accourus de tous les pays à la curée de l'anarchie, et rétablir, sur son trône, le Saint-Père qu'ils en avaient si perfidement fait descendre.

Il avait fallu autant de sagesse et de résolution pour concevoir et diriger cette expédition, que de courage et de prudence pour l'exécuter. L'armée s'était montrée digne de ses chefs et de sa triple mission politique, pacifique et guerrière. Elle avait surtout donné le gage européen du retour à l'ordre de l'esprit public en France et d'une discipline prête à le rétablir partout; elle était disposée, comme elle le sera toujours, à donner celui de sa force. C'est cette noble pensée qui animait le général de la Hitte lorsqu'il répondit à une déloyauté diplomatique par le rappel menaçant de notre ambassadeur à Londres. Depuis l'affaire des mariages espagnols, cette glorieuse audace de M. Guizot, la diplomatie française ne s'était montrée ni si 'grande ni si résolue. Louvois, pour la guerre de Hollande ; M. d'Haussez, pour la conquête d'Alger, avaient seuls parlé comme M. de la Hitte. Il avait eu foi dans le pays et dans la justice, en protégeant le Roi de la Grèce, si odieusement traité par la rapacité britannique, et la France entière

avait applaudi à ces paroles et à ces mesures dignes
d'elle. Aussi l'Angleterre, surprise par une attitude à
laquelle ne l'avaient pas exposée les Républicains de
la veille, et fièrement sommée d'être juste ou de combattre, vint à résipiscence et rendit hommage à notre
droiture et à notre puissance.

Il suffirait de ces deux actes mémorables pour illus-
trer un ministre et pour lui donner une page glorieuse
dans l'histoire de son pays. Déjà la grande voix de M.
Berryer, du haut de la tribune, lui a rendu la justice
contemporaine. Mais M. de la Hitte a fait plus. Il s'est
honoré par la plus difficile des vertus, la vertu sans
éclat et sans autre prix de sacrifices volontaires, que
la satisfaction intime d'une conscience d'honnête homme.

Quand il fut appelé au ministère des affaires étrangères, le général de la Hitte était Président du Comité
d'Artillerie, situation élevée et lucrative, récompense
dernière de ses services et de son ancienneté, honneur
et repos de toute une carrière noblement parcourue. En
quittant le Pouvoir, en abandonnant la vie politique
pour reprendre son métier, le Général a aussi donné sa
démission de Représentant du Nord; il n'a voulu tenir
qu'à son épée. Mais par une délicatesse, dont les plus
nobles sentiments ne peuvent justifier la susceptibilité,
et dont les motifs se devinent avec orgueil, le Général
a demandé à être mis en disponibilité. Il n'a pas voulu,
en reprenant une position militaire qui lui appartient
exclusivement et qui lui était restituée par un camarade
et un ami, laisser croire qu'en renonçant aux fonctions
politiques pour ses devoirs de soldat, il échangeait l'indemnité parlementaire pour les appointements supérieurs

de Président du comité d'artillerie. C'est un calcul d'honneur, c'est un désintéressement dont l'égoïsme moderne n'offre plus guères d'exemples. M. de la Hitte lèguera à ses enfants un héritage qui vaut mieux que les richesses : son Exemple et sa Renommée.

Mais ce n'est pas sa famille seule qui doit être heureuse d'un tel chef. L'artillerie est une grande famille entre les membres de laquelle la même origine, les mêmes travaux, l'émulation de la science et l'amour de la gloire établissent des liens plus étroits que les liens de parenté. Tous les officiers sont solidaires de leurs succès, et s'en énorgueillissent pour le Corps autant que pour eux-mêmes. Aussi tous, jeunes et vieux, anciens et nouveaux, actifs et retirés, même ceux qui n'ont eu l'honneur de l'être qu'un jour déjà bien éloigné, nous sommes fiers de reconnaître un chef tel que M. de la Hitte et de recevoir un reflet de la gloire qu'il a donnée à la France et au corps d'artillerie.

LX

DU MOT PEUPLE (*).

———✦———

Encore un mot dont on a singulièrement abusé dans tous les temps. C'est au nom du PEUPLE que les Révolutionnaires de toutes les époques et de toutes les couleurs ont attaqué la société, renversé ses lois et causé ses malheurs historiques.

Autrefois le mot PEUPLE, invoqué pour le Gouvernement, pouvait signifier quelque chose. Les Républiques de la Grèce, enfermées dans les murailles d'une ville, composées d'un petit nombre d'hommes libres et d'un grand nombre d'esclaves, convoquaient les citoyens à l'exercice apparent de l'autorité par l'approbation tumultueuse de lois préparées par quelques habiles ambitieux, qui les promulguaient avec raison au nom du *Peuple*. Il était, à la rigueur, possible d'admettre que chaque citoyen connaissait assez les affaires publiques pour en délibérer, et les hommes pour les choisir. Et quelle que fût la manière de voter, le scrutin ou la violence, on pouvait dire que la voix du *Peuple*, contenu sur la place publique, au théâtre ou dans le temple, avait été entendue. La République était administrée par la multitude; elle le croyait, comme elle croyait les oracles des Dieux.

(*) INDÉPENDANT DE LA MOSELLE, 4 mars 1851.

Il en fut de même dans les premiers siècles de Rome.
Tant que Rome fut dans Rome, le peuple put croire qu'il
manifestait ses volontés, qu'il en dictait les lois, qu'il
en choisissait les exécuteurs. Le Sénat et le peuple ro-
main furent longtemps une vérité républicaine. Sans
doute, la populace était souvent égarée par des flatteurs,
plus dangereux que les courtisans des Rois. Mais enfin c'était le peuple entier qui agissait, qui voulait, qui
se soulevait, qui bannissait Camille, qui se retirait sur
le mont Aventin. Plus tard, le PEUPLE-ROI déclara ro-
mains trop de citoyens pour pouvoir les assembler dans
le Forum ou dans le Cirque, et le mot *Peuple* devint une
arme ou un mensonge. On le fit parler et vouloir, sans
le consulter. Un rassemblement quelconque fut le *peuple*,
et Catilina, en son nom, se déclarait son vengeur avec
autant de raison et plus d'audace que Cicéron, son sauveur : l'ordre et l'anarchie se couvraient de la même
image.

Les gouvernements du moyen-âge abusèrent moins
du mot *Peuple*. Ils avaient d'autres drapeaux pour la
discorde. En se relevant du choc et du mélange des
Barbares, les nations fractionnées avaient besoin de chefs
puissants, et la féodalité fut une défense et une sécurité
populaire. Quand le danger ne vint plus de la guerre ;
quand les communes s'émancipèrent, le mot *peuple* re-
prit une signification, trop morcelée pour être dangereuse encore, mais aperçue entière par Louis XI, qui
l'accepta comme une force de sa jalouse royauté, comme
le premier acte de 1789.

La révolution de cette année se fit au nom du *Peuple*.
C'est au nom du *Peuple* qu'elle commit tous ses excès,

et le *Peuple* qui les voulait ou qui les applaudissait, c'était cette portion immonde de la population de Paris, toujours ivre de débauches et altérée de pillage et de sang. Le vrai PEUPLE, le peuple entier de la France, celui qui, seul, mérite ce nom, gémissait de ces atrocités ou en était victime. S'il avait été réuni pour élire les Députés aux Etats-Généraux, ses cahiers ne contenaient ni le mandat ni l'autorisation de bouleverser le pays, de souiller son histoire et de déposer, dans ses lois, le germe trop fécond de l'anarchie.

C'est surtout depuis 1789 qu'on a le plus employé révolutionnairement le mot *peuple*. Ouvrez les sanglantes annales de la TERREUR; lisez les discours de ceux qui l'ont faite et qui l'ont célébrée; voyez leurs œuvres, depuis les motions au Club jusqu'aux exécutions par la Guillotine ou les Noyades, c'est toujours au nom du *peuple* qu'agissent ces montagnards originels, et le PEUPLE ne les approuvait pas plus alors qu'il n'a, depuis, donné mission de les imiter, à leurs émules dégénérés. Alors comme aujourd'hui, le PEUPLE, c'est-à-dire la nation entière, voulait l'ordre, le repos, les lois, la stabilité, seules bases de son bonheur, seuls moyens de sa prospérité. Il le prouvait toutes les fois qu'il était réellement consulté, toutes les fois que la véritable voix de la France n'était pas étouffée par les clameurs des Démagogues, qui veulent son silence pour lui imposer leur hideuse domination. Le vrai peuple est toujours du parti de l'ordre, et c'est parce qu'il est trop nombreux, répandu sur un trop vaste empire pour se concerter et exprimer sa volonté souveraine, qu'il est exposé à l'usurpation partielle de son nom et à la surprise de son pouvoir.

C'est donc au nom du *Peuple* que des Intrigants et quelques centaines de bandits ont fait la révolution de Février. On sait comment la nouvelle de cette catastrophe fut reçue dans toute la France, c'est-à-dire par le vrai Peuple. Aussi les vainqueurs n'osèrent pas lui soumettre leur œuvre nocturne et ils se passèrent audacieusement d'une sanction, qui eût été leur condamnation populaire et immédiate. Surpris, le Peuple put se soumettre et se résigner ; consulté, il aurait repris sa force et exprimé son exécration contre les hommes qui le précipitaient dans de telles calamités et le flétrissaient de telles hontes.

Il le prouva bientôt, au 10 décembre et au 13 mai. Vainement la République de la veille, issue de pareils désordres et soutenue par de pareils hommes, espérait elle se perpétuer, grâces à une Assemblée expirante, qui la rassurait pour mieux la livrer. La France, maudissant, par toutes ses voix, ceux qui émanaient du Gouvernement Provisoire, qui en conservaient le souvenir ou la teinte, repoussait, au 10 décembre, le Général qui était l'enfant de leur prédilection, et le Peuple donnait six millions de suffrages à un Prince, neveu du soldat heureux que le Peuple avait couronné, moins pour sa gloire des batailles que pour sa force contre l'anarchie. Le Peuple voulait que ce nom glorieux fût l'expression redoutable de sa haine profonde contre le désordre républicain, et l'élection princière d'un Bonaparte était sa protestation la plus significative contre le 24 février.

Cette première victoire du Peuple fut bientôt suivie par la victoire électorale du 13 mai. Les républicains

de la veille furent rejetés dans le néant dont ils n'auraient jamais dû sortir, et le PEUPLE, partout où il ne
fut pas trompé, donna ses voix aux hommes d'ordre.
Il en agira toujours ainsi : l'ordre, c'est la vie et l'honneur du PEUPLE.

Et l'ordre tout entier est dans ses mains. Il n'a que
trop vu ce que veulent, ce que font, ce que démolissent
les Révolutionnaires, quand ils usurpent son nom et
ses droits. Plus il a souffert de leurs œuvres, plus il
sera sur ses gardes contre une nouvelle surprise et de
nouveaux désastres. L'expérience de Février touche à son
terme ; la leçon aura été assez longue et assez cruelle.
Appelé bientôt à le juger, le PEUPLE, le peuple qui veut
la prospérité, la stabilité, la gloire et la puissance du
pays ; le peuple qui a horreur de l'anarchie et de ses
suppôts ; le peuple légalement assemblé partout, à la
même heure et pour le même but, le vrai peuple enfin, fera entendre sa voix nationale, et la Révolution
apprendra que les Républicains de la veille n'ont jamais été et ne seront jamais *le peuple*.

FIN

TABLE DES MATIÈRES.

www.ingramcontent.com/pod-product-compliance
Lightning Source LLC
Chambersburg PA
CBHW070737270326
41927CB00010B/2021